お客様の“気持ち”を読みとく仕事

コンシェルジュ

Concierge

ホスピタリティの
プロを目指す
あなたへ

グランド ハイアット 東京
コンシェルジュ
阿部 佳
Kay Abe

秀和システム

はじめに

　コンシェルジュという仕事に就いてから、早いもので二十年以上の月日が経ちました。

　当時の日本にはコンシェルジュがいるホテルなどごくわずかで、「コンシェルジュ」という言葉自体、一般の方にはまったくなじみのないものでした。その後、日本では大型ホテルの建設が相次ぎ、世界的なホテルチェーンも次々に進出して、今では多くのホテルで「コンシェルジュ」の表示を見かけるようになりました。この呼称も広く認知されるようになってきています。

「広く認知」どころか、コンシェルジュは大流行りのようで、役所から、一般企業、百貨店やショッピングモール、家電量販店、病院にまで、コンシェルジュという肩書を持つ方を見かけるようになりました。

　コンシェルジュが、そこまでみなさんに親しまれるようになったこと自体はうれしいのですが、ときには、なぜ、ここでコンシェルジュを名乗られるのだろうか……と疑問に思うこともあります。

コンシェルジュとは何なのか、何をご提供するのが本当の意味でのホスピタリティなのか。特に日本には旅館の「おもてなし」という伝統があり、その素晴らしい文化を身近に感じて育った日本人が、ホテルのコンシェルジュとして、どのようにクリエイティブなホスピタリティをご提供できるのか。欧米のコンシェルジュとはまた一味違った形をつくれるのではないだろうか。

そんなことを考えながら、日々、コンシェルジュという仕事と向き合っています。

二〇〇一年に出版した前著、『わたしはコンシェルジュ』（講談社）は、幸いにも多くの方々に読んでいただき、今でも文庫版として手に取っていただいています。この本はコンシェルジュの仕事をもっと多くの方々に知っていただきたい、コンシェルジュをもっと利用していただきたい、そんな思いで書きました。

今回、出版のお話をいただいたとき、書きたいことは前作に書き尽くしたつもりだったので、どうしようかと迷いました。けれど、私がこの間に考えてきたサービスの心、お客様に快適に過ごしていただくための気配り、日本ならではのおもてなしの精神とはどういうことなのか、そうしたホスピタリティの本質について、改めてお伝えできる良い機会かもしれないと思い直しました。

日本ではまだコンシェルジュが珍しかった時代にこの仕事に就いた者として、試行錯誤を繰り返しつつ、多くの方々に支えられながら学んできたことを、後進に残したいという気持ちもあります。

ホテルでコンシェルジュに出会い、この仕事に憧れを抱いている、かつての私のような方、今現在、コンシェルジュとして第一線で働いていらっしゃる方、さらには広く接客業に携わっていらっしゃる方、そして、もっと広い業種でさまざまな状況、場面での〝人付き合い〟について考えている方々に読んでいただき、何か少しでもお役に立てることがあれば、著者としてこれよりの喜びはありません。

著者

お客様の〝気持ち〟を読みとく仕事
コンシェルジュ

Contents

はじめに
ロビーで季節を感じながら
お客様をお迎えしています……12

Prologue

第1章
すべてのお客様に〝居心地の良さ〟を提供する……29
ロビーでは目配り、気配りを欠かさない
ロビーに一歩出たら完璧なプロの「コンシェルジュ」になる……30
お客様への気配りはまずは挨拶から……35
お客様には機会をとらえて、歓迎と感謝を「温かい一言」で伝える……40
お客様の漠然とした希望には、会話から〝気持ち〟を探っていく……44

共感することで、お客様との信頼関係を築く……47
お客様の願いを少しでも早く実現できるよう、仕事の「段取り」を考える……50
「宿泊客リスト」に目を通し、お客様には名前で呼びかける……54
お客様の言葉には真剣に耳を傾け、言葉にされないサインをキャッチする……56
誰もが使いやすいお客様情報ファイルをつくる……59
お客様の気持ちをくみ取り、言葉で寄り添う……62
外部の方へのお願いは、言葉遣いに工夫をする……66
間違いではなくても、合っていないことはやり直す……69

第2章

お客様の〝立場〟で考えるのではなく、〝気持ち〟に共感する……71

接客のプロとして、忘れてはいけないこと

何が正しい答えかは、お客様によって異なる……72
勝手な思い込みには十分に注意すること……75
「このお客様には何がベストか」を瞬時に判断してご案内する……79
「自分の頭」で考えず、あくまでも「お客様の気持ち」で考える……82

お客様の願いをかなえるために、全力を尽くしてお手伝いする……87
どんな依頼でも、お客様とイメージを共有すること……92
お客様の代わりに、花で愛や感謝をお伝えする……95
着物がほしいとおっしゃるお客様へのお手伝い……100
お客様の「先の先まで」考えて、必要な情報をご用意……104
〝満足の上〟をいくサービスを常に考える……108

第3章

お客様の〝本当の望み〟を探り当てる……111

言葉そのままを実現するのが良いサービスとは限らない

お客様の望みをそのままかなえるのが〝良いサービス〟とは限らない……112
お客様と同じ側に立って、同じ目線で考えてみる……116
お客様の〝できない要望〟は〝できること〟に変換する……121
お客様のプロポーズの演出をお手伝い……126
グレーゾーンの中から、たったひとつの「ベスト」を探り当てる……130
お客様のご存じない情報は、補足してさしあげる……134

判断保留のお客様の迷いは、「自分にできること」に置き換える……138
積極的なご案内で、お客様の背中を押すこともある……143
トラブルに見舞われたお客様には〝頼りになる友人〟として対応する……146

第4章

お客様が食べたい〝美味しいもの〟とは?

グルメ大国、日本の〝食〟をめぐるあれこれ……153
お客様の「美味しいもの」を、会話しながら探り当てる……154
外国人が想像する「日本食」は、日本人の常識とは異なることもある……158
外国のお客様には、アジアと日本の区別が難しい場合も……162
「ジャパニーズヌードル」は、蕎麦やうどんとは限らない……167
お寿司屋さんの予約の前に確かめておきたいこと……171
「Teriyaki」が食べたい、「Hibachiスタイル」のレストランに行きたい……174
和食には目に見えない材料もあるので、アレルギーには十分な注意が必要……177
レストランを予約するときはキャンセル料について伝える……180
お客様が遅刻されないように、何度でも念を入れてご連絡……183

第5章

〝最高のホスピタリティ〟は内外との連携から

軽快なサービスを提供するチームづくり……187

どんなときも常に一定のサービスを提供すること……188
仕事中は、隣で接客中の会話にも神経を傾ける……191
チーム内でのしっかりした引き継ぎが、お客様にとって快適なサービスとなる……194
引き継ぎは要点を押さえてわかりやすく。「なぜ」も伝えると、あとで役立つことが多い……197
仲間同士が気軽に注意し合える関係をつくりましょう……201
周囲の力は遠慮なく借りていい……204
ホテルだけではない、ネットワークを通じてのおもてなしへ……206

第6章

コンシェルジュとしての自分に磨きをかける……211

情報収集、良質な人脈づくりの努力を怠らない
コンシェルジュ・マジックは、頼りになる人脈から生まれる……212
常に生きた情報にするため、こまめなメンテナンスを……216
お客様の率直な感想は、次に活かす材料にする……219

違和感は大事にして、お客様に確認する勇気を持つ……222
お客様のクレームは、ホテルへの期待の証と受け止める……226
お客様の前では常に明るい笑顔で。プロは感情に流されない……228
理想的なキャラクターを設定して、そのホテルマンを演じる……231

Column

お客様にふさわしい接客スタイルを考える……67
お客様には地図をお渡しする……105
お客様のおっしゃる「日本的」とは、浅草か、相撲か、それともアニメ?……125
答えに迷ったら、違う切り口から考えてみる……141
手荷物で持ち帰れないお買い物には、注意が必要……152
言葉が通じない方には日本語のメモを用意……178
信頼関係で結ばれるレストランとは……186
よく聞かれる質問はご案内方法を決めておく……189
個性を伸ばしてこそ強いチーム力が生まれる……195
引き継ぎは、アクションの指示と理由、経過を書く……199

お客様の質問は、深掘りして調べておく……210
イベント情報は常に収集して整理……220

あとがき

●カバーデザイン　重原　隆
●本文デザイン　関根康弘（T-Borne）
●イラスト　安田ナオミ
●写真　後藤さくら
●ヘアメイク　岡本陽子
●編集協力　松永さち子

ロビーで季節を感じながらお客様をお迎えしています

グランド ハイアット 東京のロビーは天井が高く、大きく取られた壁面の窓ガラスから日中は明るい陽射しが降り注ぎます。

初春と晩秋の数日、私の立つカウンターに真正面から強い日が差すことがあり、ほんのわずかの時間ですが、ロビーに入っていらしたお客様のお顔が逆光になって見えにくいので、立ち位置を変えます。この数日を境に、陽の長さは徐々に変わっていくので、それは「ようやく春を迎える」「これから冬が来る」という合図のように思います。

春になると、毎年決まって見えるお客様がいます。東京マラソンのランナーたちです。

いつもはビジネスマンが多いホテルですが、この日の前後は黄色や緑、青、ピンクといったカラフルなウェアを着て、スポーツブランドのシューズを履いた方々で賑やかになります。日本を観光する良い機会だからと、応援に見えるご家族もいます。

東京マラソンの第一回目は二〇〇七年でしたが、あのときはお客様をホテルにお迎えしてはじめて、「ああ、東京で大きな市民マラソン大会が開かれるのだ」と実感しました。

そしてたくさんのランナーの方が、「来年もまた走りにくるよ」と笑顔で帰っていかれたので、その翌年は私たちとしても、お客様にもっとマラソン大会を楽しんでいただきたい、ホテルをあげて応援したい、ということになりました。

ホテルで働くみんなで知恵を出し合って考えたのが、マラソン用の特別なモーニングメニューを用意してルームサービスで提供すること。また、ホテル近隣のジョギングコースや選手登録の手続きについての説明、当日の集合場所の案内図などを入れたキットをつくって配布したり、応援の方には別途地図をご用意して、観戦しやすい場所や交通規制について説明を加えたりしました。

参加されるランナーの方は、大会前日までに登録をすませて番号をもらいます。その登録番号をお客様からいただいておくと、当日、そのお客様が今どこを走られているか、インターネットで追跡することができます。

仕事の合間にチェックして、「○○さんが、もう折り返しを過ぎましたよ！」などと教え合っているうちに、当のお客様が玄関から入っていらして、「え？もうお帰りになったんですか？　早い!!　私たち、ネットで応援していたんですよ！」というようなこともあります。

この東京マラソンの準備は恒例行事となり、毎回お見えになる常連も増えました。「やぁ、今年も来たよ！」「お帰りなさい、お元気でしたか？」と、同じお客様の元気なお顔を拝見できるのが楽しみになっています。

夏になると思い出す花火のお客様

日本にいらっしゃるお客様は、さまざまな目的を思い描いて、あれもしたい、これもしたいと楽しみにしています。ビジネス以外にも、観光、お食事、そして、お買い物も大きな目的のひとつです。コンシェルジュはお客様からお買い物の相談を受けることもよくあります。

Prologue

「着物をお土産に買いたい」「日本の焼き物を買って帰りたい」「キティちゃんのグッズはどこで売ってるの？」など、こうしたご要望はよくあるので、その方のお好みや用途に応じて、さまざまなジャンルの店の情報を揃えてあります。

けれど、時折、こちらの予想を超えた依頼が持ち込まれることがあります。

ある年の夏、カウンターにふらりとアメリカ人のお客様が立ち寄られて、こんなことをおっしゃいました。その時は私服でしたが、いかにもビジネスで来日された、普通のお父さんといった感じの方でした。

「この近所で、花火が買えるところを教えてくれないか？」

「花火ですか？」

お子様へのお土産にするのだろうか……。私がとっさに思い浮かべたのは、夏になるとよくコンビニやスーパーで売っているような、小さな花火のセットでした。

でも、引火する花火は危険物とみなされて、飛行機に持ち込めません。それをどう説明しようかと思ったところ、さらに続けて、こんなことをおっしゃったのです。

「そう、花火。大きなのがほしいんだ」

「大きな花火？　もしかして、打ち上げ花火ですか？」

　ちょうど東京近郊のあちこちで花火大会が開かれていました。夜空に打ち上げられる美しい花火をご覧になって、ほしくなったのでしょう。

　打ち上げ花火自体は海外にもありますが、私たちにとっては当たり前の、色鮮やかで開き方に繊細な仕掛けがある花火は日本独自の技術で、他の国にはないのです。

　けれど、もちろん危険物ですし、花火師でもなければ打ち上げられません。取り扱えるのは、専門の方だけに限られるのではないだろうか……。

「お客様、お調べしてみますが、打ち上げ花火は危険をともなうので、誰でも買えるわけではないと思いますが……」

「だって、昨日は売ってくれたよ」

「え？」

「本当ですか？」

「両国で買ってきた」

　この返事には度肝を抜かれました。お客様はその前日に両国へ行き、打ち上げ花火を買ってきたそうです。それで、もっとほしくなり、ホテルの近所でも買えるところがあるだろうと、気軽に考えていらっしゃったのです。

　打ち上げ花火は火薬の塊ですから、ただでさえセキュリティが厳しい飛行機で持って帰れるはずはないのです。

　いったいどういうことだろうと、お客様が花火を買ったという店の名前を聞き出して電話をすると、確かに、外国人に花火を売ったと言います。店の人は、外国人のお客様が花火を持ち帰ろうとしても、空港で没収されることを知っているはずなのに……。

　結局、花火は店からの「輸出品」という扱いにしてもらい、正式な手続き

をしてお客様の自宅へ送り届けることで、この件は解決しました。

お客様は、旅行先であるという解放感も手伝って、見たものをついほしくなってしまうことがあるのです。「買う前に相談してくだされればよいのに……」と思うこともあります。

例えば、「買ってきちゃった」と言って、ニコニコうれしそうに目じりを下げていらっしゃるお客様。足元にはケージが置かれていて、必ず仔猫か仔犬が入っています。

「買ってきて、しまったのですね？」

「うん、買ってきちゃった」

うれしそうに笑うお客様につられて、私も笑い出してしまいます。

ペットと盆栽は人気があって、買って帰ろうとするお客様が多いのですが、動植物はあちらの国に入るときに検疫があるので、そのための手続きに数日かかることもあります。

ペットの場合は特に、飛行機に乗せる前に獣医に連れて行って注射をしたりしなければなりませんが、心からうれしそうにしていらっしゃるお客様は、手続きの面倒など、どうということはないのでしょう。帰国の日を延ばしてでも、新しい家族を連れて帰る方がいらっしゃいます。

そういえば、「土佐犬を買って帰りたい」とおっしゃった方もいました。

けれど、土佐犬は闘犬用の犬で飼いならすのは難しく、一般のペットショップで売っているようなものではないことをお話ししました。

それを聞いてお客様も、「ペットに向かないなら、やめておこう」と納得されました。

このときばかりは、お客様がすんなりとあきらめてくださって、正直、ホッと胸をなでおろしたものです。

グランド ハイアット 東京ならではの秋の風物詩

ホテルは六本木ヒルズに隣接し、近隣には高層ビルや近代的なショッピングモールが立ち並んでいますが、昔はのどかな東京の住宅地。土地の守り神の神社もありますし、お祭りもあります。そして、先祖代々この土地にお住まいの、地元の方もいらっしゃいます。そうした方たちは、私たちにとってご近所様です。

ご近所にお住まいの方にすれば、今はホテルがあってもそこは毎日の散歩の通り道。途中で休憩に寄ったり、トイレに立ち寄られることもあります。おなじみのお顔ですので、ご近所付き合いの挨拶をします。たとえ宿泊されなくても、ホテルをご利用される方はすべてお客様です。

秋になると、こうした地元の方との交流を実感できるグランド ハイアット 東京ならではの風物詩があります。町内会の秋祭りです。お神輿が出て町内を練り歩くのですが、その休息所として、ホテルの車寄せを開放しているのです。

お神輿を担いだハッピ姿の氏子《うじこ》たちがホテルの車寄せに入ってくると、「ワッショイ！」「ワッショイ！」の掛け声も賑やかに、笛や太鼓のお囃子に合わせてひとしきり神輿を揉みます。外国人のお客様たちは、このエキゾチックなお祭りに大喜び。神輿を囲む人だかりができて、フラッシュの嵐です。地元の方に愛されているホテルならではの光景です。

神輿を揉んだあと、氏子たちは神輿を降ろして、私たちも冷たい飲み物とお食事を屋台ふうに用意して歓迎します。しばらく休憩したのち、再び「ワッショイ！」「ワッショイ！」の威勢の良い掛け声とともに、神輿が出発していきます。

お客様の変わったご依頼

「菊の花束を、つくってもらえませんか？」

20代後半でしょうか。目鼻立ちのくっきりした、なかなかハンサムな外国人のお客様です。

「もちろん、ご用意できますよ」

こう答えながらも、「なぜ、菊なのか？」という疑問が湧きます。仏壇に供えるとか、あるいはお墓参りでしょうか。けれど、その青年の表情は明るくて、仏花をお求めになる感じでもありません。

「お客様、花束はどのようなご用向きですか？」

「今日、僕の彼女の家に、はじめて行くんだよ。ご両親にはじめて会うんだ。だから、僕の一番好きな菊の花束を持って行こうと思って」

はじめて会う彼女の両親に、菊の花束……。外国人のお客様は日本の習慣を知りませんから、こういったことは時々あります。

「お客様、それはいいアイデアですね。でも、お客様、たぶん悪くは受け取られないとは思いますが、日本で菊は仏事に使う花とされていて、あまり贈り物にはしません。できれば他の花にされたほうが無難かと思いますが……」

お客様はなるほど、それならばと、カラフルな秋らしい花をブーケにしてお持ちになりました。


慶弔に関することは、国によってそれぞれ習慣が違います。外国の方が日本の習慣をご存じなくても無理はありません。

あるとき、ホテルにご宿泊ではない外国人のお客様がカウンターに見えて、ホテルに滞在しているお客様に、メッセージを渡してほしいと言われました。

「僕の大切なクライアントなんだ。このメッセージを彼の部屋に入れておいてくれないか。大切なメッセージだから、忘れずに、必ずだよ」

そう言って差し出されたのは「御霊前」の文字がくっきりと印刷された不祝儀袋。

これまた「なぜ？」の疑問が浮かびます。ホテルに宿泊しているお客様の身内に、何か不幸があったのかしら。それとも、単なる勘違いなのか……。

瞬時にいくつかの可能性が頭をよぎりましたが、ここはやはり、お客様の真意を確かめなくては。こういうときに気を使うのは、お客様に恥をかかせるような聞き方をしないことです。

「確かにうけたまわりました。ところで、お客様、この封筒は、どうしてお選びになりました？」

「それかい？　家にあった封筒で、一番きれいだったからさ」

事情が呑み込めました。おそらく、この方の奥様は日本人で、今日はたまたまお留守だったため、ご自分で封筒を探していて、偶然この不祝儀袋を見つけたのでしょう。

「お客様、この封筒はお葬式に使うスペシャル・エンベロープです」

そう説明すると、さっと顔が青ざめ、「本当？」と聞き返されました。

「彼は僕のとても大切なクライアントなんだ。ああ、危なかった。ありがとう、ありがとう」

何度もありがとうと繰り返され、メッセージはホテルの封筒に入れ直して、お客様の部屋に届けることにしました。

日本では冠婚葬祭のときに「スペシャル・エンベロープにお金を包む」と

いう習慣があることは、外国の方にも比較的よく知られていますが、その実物は見たことがない方が多く、よくコンシェルジュのカウンターに、「スペシャル・エンベロープに入れるようにと言われたけれど、それはどこに行けば買えるの？」と相談に見える方がいらっしゃいます。

そのため、ホテルショップでも販売しているのですが、今度はお金の入れ方がわからずに、「これ、どうやるの？」と、またカウンターに戻っていらっしゃるお客様もよくいます。

さまざまな文化、さまざまな習慣

もうひとつ、慶弔に関する依頼で思い出すのは、ユダヤ教のお客様のことです。

豊かな髭のお客様がカウンターに見えて、少々相談があるとおっしゃいます。その様子からして、何か特殊な事情があることは予想ができました。

「実は、今日は父の命日で、一周忌なんです。私たちの宗教では、この日、24時間ローソクを灯して追悼します。けれど、私はどうしてもビジネスがあり、日本に来なければならなかった。ローソクを持参したのだけれど、これを部屋で灯してもいいだろうか？　あるいは、どこかで預かってもらえないだろうか？」

お客様の部屋でローソクを燃やすのは危険だけれど、フロントなら24時間、誰かしらスタッフがいますから、ローソクを預かるだけでなく、見守ることもできるのではないかしら。こう考え、このときはコンシェルジュだけでなく、フロントのメンバーとも話し合いました。

せっかく異国の地までお父様の追悼のためにローソクを持参されたのです。そのお気持ちを無にはしたくない……。

結局、ローソクはフロントのバックオフィスで灯し続けることにして、お預かりしました。その晩、フロントのスタッフは入れ替わり立ち替わり、一晩中、ローソクの火が灯り続けていることを見守りながら仕事をしました。

宗教上の変わった決まり事といえば、ユダヤ教では「電気を使ってはいけない日」というのがあるそうです。

その日はエレベーターにも乗れないので、階段を使って部屋まで行かれます。なるべく低層階の部屋に宿泊していただきますが、グランド ハイアット東京では表に階段がないので、スタッフが使う階段にご案内し、スタッフも一緒に客室階まで上ります。

カードキーも電気ですから、お客様の代わりにドアを開けて、電気をつけてさしあげます。

電気を使ってはいけないと言っても、「自分の意志では使えない」ということだそうで、もともと動いているもの、たとえば電車などには乗って構わないそうです。部屋の電気も、自分でスイッチを入れることはできないけれど、最初からついているのなら構わないのだとか。

ホテルにはルールがあるので、残念ながらお受けできないこともありますが、世界中からいらっしゃるお客様には、なるべく日常生活をそのまま持ち込んでいただけるようにしたいと考えています。

再びめぐりくる新年

木枯らしに吹かれた落ち葉がロビーに舞い込んで、それを拾う頃になると、もうすぐ冬がやってくるのを感じます。

12月、六本木ヒルズのクリスマスイルミネーションの華やぎとともに、ロビーの一角には大きなツリーやリースが飾り付けられます。

　クリスマスの頃になると外国のお客様は休暇で帰国され、ホテルは日本のお客様が多くなります。

　クリスマスイブ、そしてクリスマス当日は、おしゃれをして幸せそうな家族連れやカップルのお客様で賑わいます。

　そして、クリスマスの翌朝に出勤すると、昨日まであったクリスマスの飾り付けはきれいに片づけられ、玄関には門松が立っています。

　毎年のことながら一夜にして季節が変わるので、その日、出勤して門松を見つけると、ホテルらしい変身の早さを実感します。もうすぐ新年を迎える、今年も無事に一年が過ぎようとし

ている。そう思うと、今年あった出来事などが思い起こされて、改まった気持ちになります。

ロビーという空間を通して季節の変化を感じながら、「ホテルがお客様にとって居心地の良い場所でありますように。いい一日でありますように」と願いつつ、お客様をお迎えしています。

世界中の国々から見えるお客様には、季節ごとにさまざまな表情と楽しみ方のある日本での滞在を、できる限り素晴らしいものにしていただきたい、すべての体験を充実した思い出として持ち帰っていただきたい。

そのためにできることは何だろうか。一人でも多くのお客様に心地良さを感じていただくためには、どうすればよいのだろう。

そんなことを考えながら日々を送ってきました。それらを本書の中でお話ししていきたいと思います。

第1章

すべてのお客様に“居心地の良さ”を提供する

――ロビーでは目配り、気配りを欠かさない

ロビーに一歩出たら完璧なプロの「コンシェルジュ」になる

私の仕事場はホテルのロビーです。ロビーにコンシェルジュのデスクを置き、お客様におかけいただいてお話しをするホテルもありますが、ここグランド ハイアット 東京では、デスクではなく、フロントのあるカウンターに私たちも立って、お客様をお迎えしています。

このホテルのお客様はビジネス目的で海外からいらっしゃる30～40代のエネルギッシュな方が多く、立ち話や、歩きながらのスピーディーな対応を好まれるからです。もちろん、ゆっくり座っての対応がふさわしいと思われる高齢の方などには、座れるところへご案内して対応します。

朝、出勤すると、まずバックオフィスの壁のラックから「デイリーイベントレポート」（ホテルによって名称は違います）を一枚取って、その日のホテルの予定を確かめます。デイリーイベントレポートには、その日一日の宴会や会議、車の出入りの予定、VIPの到着や出発、滞在中の予定、クロークのオープン時間、特別な荷物の手配、ハイヤーの情報、お部屋が変更になる方などなど、各部署がとりまとめた重要な情報がびっしりと載っています。

このリストに目を通し、さらにメールで流れてきている追加の最新情報を確認して、今度はコンシェルジュチーム内の引き継ぎ帳を読み、前のシフトの仲間からの引き継ぎ事項を確認します。

加えて、夜勤のフロントやベルから夜間の出来事やリクエストを聞き、また夜間にあったことについてマネージャーからの引き継ぎを読み、今日の周辺のイベントについても確認します。

こうして用意が整うと、ロビーのコンシェルジュカウンターに向かいます。

コンシェルジュという職業のはじまり

コンシェルジュとは、フランス語で『門番・守衛・管理人』という意味です。もともとは住人を守り、何かと面倒を見た人のことを言いました。これがやがてホテルで働く人のひとつの職業を表わす言葉になります。

ホテルのコンシェルジュは19世紀後半のヨーロッパで生まれました。当初はホテルの入口でお客様にカギを渡したり、チップをもらってランドリーなどの手配をしていたのが、やがてサービスの専門職として独立しました。

私が着用しているスーツのユニフォームの襟には、コンシェルジュの世界組織、レ・クレドールの会員の証である、クロスする鍵のバッジをつけています。

このバッジは「コンシェルジュとしてきちんとお客様の面倒を見させていただきます」というプロとしての責任と自負を表わすもの。バッジをつけてロビーに足を一歩踏み出すときには、個人の私はどこかへ姿を消して、お客様の信頼できる友人、コンシェルジュになります。

カウンターでは常にロビー全体を眺めるようにして、視野はできるだけ広く、可能なら360度に注意を払うようなつもりでいます。そうしていると、どの方向からでもカウンターにいらっしゃるお客様の気配を感じることができて、こちらから先に「いらっしゃいませ。何かお手伝いしましょうか？」とお声をかけることができます。

忙しくてもゆとりある笑顔で

朝の8時半を過ぎると、お出かけになるお客様が次々とコンシェルジュのカウンターに立ち寄られ、忙しくなります。

「帰国する飛行機を変更したいのだけれど、手配してくれる？」

「この荷物を本国に送りたいんだ」

「クライアントの接待に、夕飯はどこに連れて行ったらいいだろう？」

「今日、会議がある○○本社の地図と、××東京本社、それから△△会社の地図をくれる？」

などなど、さまざまな依頼が舞い込みます。

そして10時をまわる頃からビジネスのお客様は減って、今度は観光のお客様です。

「東京を一日で観光するなら、どこがおすすめ？」

「浅草へは、どうやって行ったらいいの？」

「紅葉は、どこが見頃かしら？」

グランド ハイアット 東京では一日に３００件ほどの相談が寄せられるので、本当に息をつく暇もないほどですが、すべての依頼に心を込めてお答えし、お客様にご満足いただけるよう、カウンターにいる間は緊張感と集中力をもって仕事をしています。

そしてもちろん、笑顔も絶やしません。コンシェルジュは接客のプロですから、どんなに忙しくても、お客様が心地良くお話しいただけるよう、ゆとりのある笑顔で対応するように心がけています。

ポイント

ホテルは舞台、ホテルマンは役者、お客様は観客とよく言われます。ロビーに出たらプロ意識を持って、常にお客様から見られる立場であることを忘れずにいたいものです。

お客様への気配りはまずは挨拶から

旅館やホテルに泊まって、「ああ、何だかここは居心地がいい」と感じるとき、「何がそう思わせるのかしら？」と見回しても、特にこれといって目立つことは見つけられないことは多いと思います。きっと小さな心配りがあちらこちらに散りばめられているのでしょう。そのさりげない積み重ねが、居心地の良い空間をつくっているに違いありません。

心配りを伝える基本要素のひとつは挨拶です。

見知らぬ者同士でも、廊下ですれ違えば「おはようございます」「こんにちは」「こんばんは」と気軽に言葉をかけ合う西洋の習慣は、ぜひとも真似たいところです。

お客様とは目を合わせて挨拶

人の流れが途切れないホテルのエントランスですが、手を動かしながらも視界は広くして、お客様は見逃すことなく、どなたにも「あなたが来てくださってうれしいです」という歓迎の気持ちを込め、きちんと目を合わせて「おはようございます」「こんにちは」と挨拶するように心がけています。

宿泊のお客様には、自宅で家族を送り出したり、迎えたりするように、「いってらっしゃい」「お帰りなさい」。そして、どうだった？　楽しかった？　の気持ちで、「いかがでしたか？」とお声がけします。

「お帰りなさい」
「迷わず行けました？」
「夕食は、何かお手伝いしますか？　それとも……？」

こうした会話が自然にできる関係になると、お客様も、自分の家に帰ったときのような愛着と安心を、ホテルに感じてくださるでしょう。

朝、ロビーを通りかかったお客様と挨拶を交わすと、「昨日はすごく楽しかったよ」

と笑顔でおっしゃってくださるようになれば、心が少し近づいた証拠。「このホテルにしてよかった」と、次回も選んでいただけるに違いありません。

挨拶からほんの少し会話を交わすだけでも、相手を元気にしたり、ホッとさせたり、和ませたりすることができるのです。

すべてのお客様に感謝の気持ちを込めて

お客様がお発ちになるときは、「また、帰ってきてください」の気持ちを込めて、「ありがとうございました。またのお越しをお待ちしております」と感謝して送り出します。

接客は、お客様に感謝する気持ちがあってはじめて、その上にさまざまなサービスが重ねられていくものだと思います。そう思ってお客様と向き合うと、どんなお客様にも「ありがとうございます」という感謝の気持ちを抱けます。

どういうご用でいらした方にも、感謝できる何かは見つけられます。宿泊されなくても、ご宴席やレストランのご利用がなくても、例えば待ち合わせやトイレに立ち寄られただけでも、隣のビルではなく、「このホテルを選んでいただいてありがとうございます」という気持ちを込めて、ご挨拶したいものです。

心からの想いは言葉にも表われる

日本人は、相手を思いやり、気を配ることには長けていますが、それを言葉で表現することは苦手です。

けれど、どんなに相手を思っていても、その〝気持ち〟は表現しなければ伝わりにくいものなのです。

特に西洋の方は、はっきりと言葉にすることに慣れていますから、さりげない挨拶であっても、お客様には歓迎と感謝の気持ちをできるだけ表現していきたいと思っています。

ただし、口先だけで「いらっしゃいませ」「ありがとうございます」と言っても、お客様の心には届きません。

大切なのは、どれだけ本当にそういう気持ちになれるか。心から歓迎する気持ち、感謝する気持ちが挨拶にこもっていなければ、お客様にもそれが伝わってしまうものです。

ホテルで働くスタッフみんなが、来てくださったお客様を歓迎し、感謝する気持ちで送り出す。

それを毎日24時間表現できれば、ホテルの雰囲気はとても温かいものになり、お客様はきっと居心地良く感じて、また来たい、あるいは、いつか利用してみたいと思っていただけることでしょう。

ポイント

お客様には、心からの歓迎と感謝の気持ちを込め、目を合わせて挨拶します。この「心から」というのが重要です。表面的な言葉だけの挨拶は、なぜか相手にもそれが伝わるものです。

お客様には機会をとらえて、歓迎と感謝を「温かい一言」で伝える

コンシェルジュは、カウンターに見える方の接客だけが仕事ではありません。ホテルにいらっしゃるすべての方に居心地良く過ごしていただけるよう、気を配ります。ロビーで何かお探しの方には、

「○○様のご宴席ですか？」

と、できるだけ具体的にお声をかけたいと思っています。

「そうなんだ！　どうしてわかったの？」

といった反応が返ってくると、こちらは内心、小さな達成感です。お客様の目的を推測して的中させるのは、ロビーでの密かな楽しみでもあるのです。

ロビーには一日に何百人ものお客様がお見えになるのに、そんなことは到底無理と思

われる方も多いでしょう。

けれど、「デイリーイベントレポート」を見れば、その日の宴会の予定がわかります。その時間帯に「ある業界で、長年の功績が認められて賞をとられた方の祝賀会」が開かれるとすれば、出席されるお客様の雰囲気、年齢層はだいたい見当がつくと思います。もし仮に、同じ時間帯に「ファッション関連会社の5周年記念の会」が開催されるなら、集まる方々の雰囲気はかなり違うはずです。

もちろん、そこで間違えては逆に失礼ですから、確信が持てないときは、「ご宴席にお越しでいらっしゃいますか？」とお尋ねします。お声がけして、お客様の目的を迷わず言い当てるのは、正しく言い当ててこそ、喜んでいただけるものだからです。

ロビーを通るすべての方に気配り

週末には婚礼のお客様も多く見えます。当日だけでなく、その前日あたりには遠方から上京して宿泊される新郎新婦やご家族様がいらっしゃいます。こちらも雰囲気でわかります。

婚礼を控えて、それだけでも不安も多く、緊張していらっしゃいます。ご親戚の方には、ご年輩やお子様連れも多くなります。

落ち着かない様子が見えればもちろんですが、そうでなくても、「お手伝いできることは、何でもおっしゃってくださいね」と一言かけると、安心して表情を和らげてくださいます。

ロビーに立ち、ベルやフロントの手が足りないと思ったら、そのフォローにまわることもあります。フロントの代わりにチェックインすることも、ベルの代わりに荷物を持ってお客様を部屋まで案内することも、クロークのように荷物を預かることもできます。

フロントで、チェックアウトの列でお待ちのお客様には声をかけて、できるだけ長くお待たせしないよう、また、少しでも心地良くお待ちいただけるようにします。

チェックインされたお客様がエレベーターへと向かわれる間に、それはわずか数秒のことかもしれませんが、「ようこそお越しくださいました。今日はお仕事ですか？」「どちらからおいでですか？」など、たとえ一言二言であっても心からの歓迎と感謝、そしてたくさんの想いをお伝えできるようにと努めています。部屋に向かわれるお客様の足を止めないように気を配りながら、「このホテルにしてよかった。安心して過ごせそう」と思っていただけるように……。

このような一言がなくても、お客様がご不満に思うわけではありません。
けれど、こうしたちょっとした気配りの積み重ねが、お客様に「自分はちゃんと気にかけてもらえている」という安心感、「大切にしてもらっている」という特別感を持っていただけることにつながります。

ポイント

すべてのお客様に
居心地の良さを提供するために、
自分にできることがあれば何でもする。
ロビーにいる間は、
終始その緊張感を持ち続けましょう。

お客様の漠然とした希望には、会話から〝気持ち〟を探っていく

グランド ハイアット 東京には、ビジネス目的で来日される働き盛りのビジネスマンやビジネスウーマンが多く、彼らはとてもタフ。限られた時間の中で、昼間は仕事に、アフターは東京のナイトライフに、そして休日は観光にと大忙しです。

こうしたお客様はコンシェルジュのカウンターに立ち寄られると、

「今日は一日休みなんだ。何をしようか？　どこがおすすめ？」

こんな漠然とした質問をされます。もう少しお客様の情報がないと、その方にぴったりのご案内はできません。

まずは「東京はもうどこか、ご覧になりましたか？」とうかがって、その答えが「まだどこも見ていない」ということなら、

「お客様は何がしたいですか？　伝統的な日本をご覧になりたいですか？　それとも、最先端の東京に興味がありますか？　あるいは、ショッピングでしょうか？」

いくつかアイデアを出して、お客様の表情を見ます。

「今日は、お時間はどのくらいありますか？」

「滞在は今日だけですか？　それとも、明日も観光する時間はありますか？」

こんな質問も、お客様の状況を把握するヒントになります。

地図や資料をお見せして反応を見る

それでもまだ漠然としていて、お客様の望んでいらっしゃることが見えてこない場合は、東京の地図をお見せして、エリアからご説明していきます。

東京はとても説明がしやすい都市で、地図を広げると中心には東京駅と皇居、銀座、西のエリアには渋谷や原宿のファッショナブルで賑やかな地区、東のエリアは伝統的な街並みの残る浅草、上野方面と、それぞれの街がまったく違う顔をしています。エリアごとに資料の写真をお見せしながら、その地域の観光名所などをご説明していきます。

ここでも、お客様の表情の変化に最大限の注意を払います。お客様がどこに興味関心があるかは、その表情を見ていればわかります。もし、興味がなさそうだったら話を切り上げ、次のエリアの話題へと切り替えます。

お客様が「ここに行きたい！」と決まれば、いらっしゃり方を説明し、地図を渡して観光ポイントをわかりやすく説明します。

せっかくの日本の旅、お客様には「日本らしさ」を満喫していただきたい。それぞれの地域で見落としなどないように、名所をぐるっと回りやすいコースも考えて地図に記し、「だいたい○時間くらいで回れます」と時間の目安もお伝えしながら、「いってらっしゃいませ！」と送り出します。

ポイント

「観光に良い場所を教えて」と聞かれたら、無難な場所ではなく、お客様の全体の様子から、興味や趣味を想像したり、写真を見せたりして反応を見ます。お客様が「見たい、行きたい」と思う場所を探り当てるのです。

共感することで、お客様との信頼関係を築く

コンシェルジュの仕事は、お客様の話をきちんとうかがうことが第一歩です。


「週末は○○がしたいんだけど、どうだろう？」

「楽しそうですね！」

「昨日は楽しかったよ」

「良かったです！」

「期待ほどではなかったよ」

「それは残念でしたね」

「困ったよ」

「大変でしたね」

お客様の話を聞く際には、相槌を打って共感していることを伝えると、「ちゃんと聞いてもらえている」という安心感を持っていただけます。人は共感されると、その人を味方だと理解するのだそうです。

味方だと思ってもらえれば、少し距離が縮まって、お客様の本音をもっと聞かせていただけます。

もし、お客様の希望がそのままは実現できないような場合でも、まずは〝共感〟を示すことで味方であると信頼してもらい、そこから一緒に次の代案を考えていくのです。

「ディズニーランドは、今日はかなり混んでいるらしいの。あきらめるわ」

「楽しみにしていらしたのに、残念ですね」

「ホントがっかり。今日はどうしようかしら」

「そうですね。ではディズニーは別の日にしましょう。今日は原宿でイベントがありますが、いかがですか？」

お客様に楽しんでいただくためには提案や代案も必要ですが、その前にお互いが「共感」できていると、お客様と一緒に考えることができます。お互いの距離が縮まっているので、代案もきっと良い提案として受け入れていただけるはずです。

ポイント

お客様の話を聞くときは、
要所要所で相槌を打って、共感を伝えます。
この反応があることで、
お客様は「聞いてもらえている」
「わかってもらえている」と安心します。

お客様の願いを少しでも早く実現できるよう、仕事の「段取り」を考える

コンシェルジュは、その日の計画を立てにくい職種です。同じ時間帯に何人ものお客様がお見えになることもしょっちゅうです。

午前中にたくさんのことを頼まれて、お客様がお帰りになる昼休み、あるいは夕刻までにそれぞれの結果を用意するには、どういう順番で仕事をするか、それをどうまとめるか、また何を残して、それをどう次のシフトの人に引き継げばよいのか、段取りを考えなければなりません。

仕事の手順を間違えると、お客様がお帰りになる時間になっても、お伝えできる結果がまとまらない……ということにもなりかねません。

どのような依頼を優先するか

例えば、朝、次のような依頼が同時に入っていたとします。さて、どこから手をつけましょうか？

・明日の新幹線の切符の手配
・今日のディナーのためのレストラン予約
・3日後の旅館を探してほしい
・これから買い物に行くので、土産物の相談に乗ってほしい

この場合は、まずお土産物の相談です。お客様のお話をうかがい、ご入用のものを探し出して、お店の場所を案内して送り出します。

次に今晩のディナーの予約をしたいところですが、これはレストランが電話に出てくれる時間まで待たなければなりませんから、その時間を確認しておきます。

新幹線の切符はエージェントの開いている時間内に手配します。ただし、年末年始やゴールデンウィーク、お盆など、混雑する時期の予約であれば、これを一番先にやらな

いと、満席になってしまうかもしれません。そのあたりはきめ細かく判断します。

　旅館の問い合わせは、先方が忙しくなさそうな時間帯を選んで電話をかけることを心がけるので、おのずと時間が限られます。

　さて、そこに「今日の18時までに、花束を手配してほしい」という依頼が入りました。どうしましょうか？

　花の依頼は、お客様から「バラを100本」「オレンジのガーベラを入れて」などと特別な注文のあることも多く、その花を探すのに時間がかかることがあります。そこで、まずは花の手配を優先することになります。

コンシェルジュカウンターには一日にたくさんの依頼が舞い込みます。どのお客様にも満足していただけるサービスを提供するには、どれから手をつけるか、何かをしている間に、ほかのどれをやるのか。仕事の手順を考えて、それぞれを組み上げていく工夫が欠かせません。

シフトの間に解決できないことは、次のシフトの人に引き継いで仕事の続きを任せます。引継ぎはコンシェルジュの仕事にはとても大事な事柄ですから、のちほど改めてお話しします（194〜200ページ）。

ポイント

お客様をお待たせしないように
サービスを提供していくには、
仕事の段取りがカギを握ります。
数ある依頼をどういう手順で進めていくかは、
いつも考えていなければなりません。

「宿泊客リスト」に目を通し、お客様には名前で呼びかける

グランド ハイアット 東京では、毎日200名から400名ほどの宿泊客が到着します。その日に宿泊されるお客様は「宿泊客リスト」に記載されていますから、どの部署でも前日にはこのリストを精査して、特別な準備ができるような場合は用意を整えます（お客様を迎える準備については、56～61ページでお話しします）。

お客様はできるだけ名前でお呼びする

二度以上ご来館いただいたお客様には「○○○様、お帰りなさいませ」と、お名前でご挨拶したいものです。

「あなたを存じております。またお越しくださって、ありがとうございます。きちんと

お世話させていただきます」という気持ちを、お名前をお呼びすることで表わすのです。

はじめて見えたお客様でも、お名前を確認するとすぐに、「○○様。お待ちしておりました」と申し上げます。特に、到着前からメールや電話でやり取りのあったお客様には、チェックインの際にこちらから声をかけて、歓迎のご挨拶をしています。

ホテルのスタッフが名前を覚えていることで、歓迎されていると感じるだけでなく、「自分をわかってくれている人が面倒を見てくれるのだ」と、大きな安心感が得られます。〝お客様の名前を覚える〟ことには〝親しみを表わす〟ことなどよりもっと深い意味があります。そのお客様を〝どれだけ大切に思っているか〟を表わす行為なのです。

ポイント

お客様はできるだけ名前でお呼びしましょう。名前で呼ぶことは、「あなたを存じています」というアピールです。親しみだけでなく、歓迎や感謝を伝えることができて、お客様に信頼されるひとつのきっかけにもなるのです。

お客様の言葉には真剣に耳を傾け、言葉にされないサインをキャッチする

「○○様、今日はお誕生日ですね。おめでとうございます！」

顔なじみのお客様は、ホテルのデータベースから生年月日がわかります。宿泊される日がお誕生日に当たっていれば、あらかじめ「宿泊客リスト」に記載されるので、ご本人がお見えになったらどの部署でもお祝いの言葉を伝え、グランド ハイアット 東京ではお部屋に、メッセージカードを添えて小さなギフトを用意しています。

どのようなお客様が宿泊されるのかを調べれば、さまざまな用意を整えることができます。

例えば、滞在時にはいつもレンタカーを利用されるお客様なら、今回もまた利用されるかもしれませんから、空車の状況を確かめておきます。

同様に、お客様がいつも予約されるレストランがあるなら空きを調べておく、特殊な新聞を読まれる方なら準備をしておくなど、お客様に合わせた個別の対応が考えられます。

顔なじみのお客様は情報がありますから、〝あなたは特別なお客様です〟という気持ちを伝えるのは難しいことではありません。毎日「宿泊客リスト」に目を通し、一人ひとりのお客様がいつもどのようなオーダーをされるか、それを各部署がそれぞれで管理している顧客情報で調べるといった、手間と時間をかければ必ずできることなのです。

サービスを提供できるチャンスを逃さない

では、これといった特別な準備をすることができない大半のお客様にリラックスしていただき、滞在を楽しんでいただくには、どうすればいいのでしょうか。

それには、一人ひとりのお気持ちを読み取るように努力し、工夫していく以外にありません。お客様に喜んでいただけるようなサービスを提供できる、ちょっとした機会をいつも探して、そのチャンスを逃さないこと。お客様のおっしゃることに真剣に耳を傾け、お客様の様子に注意していることです。

常にアンテナを張って、さまざまな信号をキャッチしようと意識していると、自然とアンテナの感度が上がって、いろいろなサインに気づけるようになります。言葉にはなさらないサインを見つけたら、それに応えられるよう、具体的な行動に移していくのです。その繰り返しが、結果としてお客様に居心地の良さを感じていただけるサービスにつながっていきます。

お客様に喜んでいただくサービスは、お金や人手がかかるものではないのです。必要なのは、〝本気でお客様を思う心〟です。

ポイント

お客様の到着前日までには「宿泊客リスト」に目を通し、できるだけの用意を整えましょう。はじめてのお客様なら、おっしゃることに注意を傾け、サービスを提供できる機会を探します。

誰もが使いやすいお客様情報ファイルをつくる

万全の用意を整えてお客様をお迎えするために、私たちコンシェルジュチームでは、ホテル全館で共有するものとはまた違う、独自のお客様データベースを活用しています。ホテル全体で活用しているデータベースには、お客様の名前と宿泊された年月日、部屋のタイプなどが記録されています。そこに、客室係やレストラン、スパなど、各部署がうけたまわったお客様からのご要望をすべて書き足していきます。このデータベースは、基本的に名前から検索して使います。

一方、コンシェルジュのお客様データベースには、その方の名前の下に、お客様からいただいたオーダー、ご意見、ご要望、お好みなどをどんどん記入していきます。名前で検索すると、その方がいつ何をしたかが一目でわかるだけでなく、逆に各項目から検索することもできます。このデータベースは、まさにコンシェルジュチームの歴史であり、財産です。

例えば、ジョージ・スミス様のデータには、このようなことが記載されています。

「腰痛で、鍼の△△先生の往診を手配。○○年○○月○日 ○○~○○時」

「レンタサイクルを利用。サイズはL。○○年○○月○日 ○○~○○時」

このようなデータベースをつくっておくと、「腰痛」「鍼」「レンタサイクル」といったお客様のオーダーからも検索することができて便利なのです。

「前回は何をされたか」でご要望に早く近づく

名前だけでは、同姓同名の方もいらっしゃいますし、すぐに思い出すのは難しい場合もあります。ところが、コンシェルジュはお客様のリクエスト内容は、意外によく覚えているものなのです。

例えば、今、玄関でお見かけしたお客様は見覚えがあるけれど、お名前が思い出せない。確か先月もいらっしゃって、浮世絵を買いにいらした方……というような場合は、「浮世絵」で検索すれば、お客様のお名前を思い出すことができます。

お名前がわかれば、そのお客様とのこれまでのお付き合いも思い出せますし、調べることもできます。

お客様がロビーを通りかかられたら、「前回は京都に行きたいとおっしゃっていましたが、時間の都合で行けませんでしたね」と話しかけたり、あるいは、「お土産に持ち帰られた焼き物は、いかがでしたか?」などと申し上げたりすると、お客様は一瞬、「えっ?」と驚いたような顔をされて、それから笑顔になり、前回の宿泊から今日までに起きたことなどをうれしそうに話してくださいます。

こうしたとき、お客様が浮かべる少し驚いた表情に、仕事へのモチベーションがまた高まるのです。

ポイント

宿泊客のオーダーを記録したデータベースがあると、お迎えの準備がスムーズにできます。各チームで検討し、協力して仕事に活かせるデータベースをつくりましょう。

お客様の気持ちをくみ取り、言葉で寄り添う

日本人は、「言葉にしない相手の気持ちを察する」ことは比較的得意です。

一方、外国人のお客様は要求をはっきりと言葉にされ、それができないとなると「どうして？」と、納得するまで理由を知りたがります。

そして要望をかなえてさしあげることができると、飛び上がって大喜びして

「なんて素晴らしいんでしょう！」

と感情豊かに感謝の気持ちを伝えてくださいます。

こうした外国のお客様の感情表現には、学ぶべきところがあります。お客様の要望をかなえることができたら、その喜びを2倍にも3倍にも感じていただくために、こちらも感情を豊かに表現してお伝えしたほうがよいのです。

例えば、お客様に頼まれたチケットが苦労の末に取れたとします。それならチケットをお渡しするときに、ただ「チケットが取れました」と申し上げるのではなく、

「なんと、2枚だけチケットがありました。お二人のための2枚ですね！ ご用意できてうれしいです。楽しんでいらしてくださいね」

と本当に奇跡です！ といった喜びの表情でお渡しするのです。

嘘はいけませんが、本当に稀少なものがやっと入手できて、自分たちもうれしく思えるときは、このくらいの表現はあってもよいと思います。

お客様にとっても喜びが倍増するはずです。

ウィットやユーモアのあるサービス

また、お客様がおそらくは恥ずかしさを感じているときに、ウィットに富んだ会話で、そのお気持ちを軽くしてさしあげることもできます。

ホテルでは、ほぼ毎日、

「部屋の中に鍵を忘れたまま、ドアをロックしてしまった」

「部屋がわからなくなった……」

と、困ってカウンターにいらっしゃるお客様がいます。あわてながら、恥ずかしそうな顔をしてお見えになる方もあります。

そんな方には、こちらが余裕をもって、お客様に安心していただける言葉で対応したいものです。

「お客様、今日、その用件で見えたお客様は、あなただけではありませんよ」

こんなふうに申し上げると、みなさん、笑顔を見せてくださいます。

こうしたウィットに富んだ会話は、外国のホテルマンはとても上手だと感じています。比べて日本人は、ユーモアやウィットを会話に挟むことがあまり得意ではないようです。外国のホテルマンに、そのセンスを見習いたいと思っています。

ポイント

お客様の気持ちを察して、
それを受け止めるような言葉を使いましょう。
お客様が恥ずかしいと
思っていらっしゃるようなら、
ユーモアのある対応で
笑いに換える機転も求められます。

お客様に恥をかかせない言葉の配慮も必要

お客様を喜ばせるためだけでなく、申し上げにくいことや、お客様が勘違いしていることなどをお伝えするときも、言葉の工夫が必要です。お客様に恥をかかせない言い方を考えて、失礼のないように伝えなければなりません。

【事例1】お客様がロビーのソファで長時間、寝込んでいるようなとき
×「お客様、ここで寝られては困ります」
○「お客様、いかがされました？　お加減が悪いですか？」

【事例2】お客様のクレジットカードが使えないとき
×「お客様、このカードは使えません」
○「どうやらセキュリティの問題で、一時的に使えないようなのですが……」
○「お客様、海外ではセキュリティがかかって、こういうことはよくあることなのです。ほかのカードはお持ちですか？」

お客様がほかのカードをお持ちでなければカード会社に連絡するなど、解決する方法を探します。

どんな場面でも、お客様をがっかりさせない言葉の配慮は必要です。自分がその言葉をかけられたらどう感じるかと考えてみると、不快に響かない表現がわかります。

外部の方へのお願いは、言葉遣いに工夫をする

言葉の選び方は、お客様に対してだけでなく、外部の方にも配慮が大切です。

数年前、当時、新人だったコンシェルジュが、外国人のお客様に、

「京都に行きたいのだけれど、なるべくリーズナブルな宿を予約してほしい」

とリクエストされ、資料から選び出した宿に電話をかけて、こうお願いしました。

「明日、お部屋は空いていますか？　お客様が〝安いところを〟とのご希望でして……」

並んでカウンターに立っていた先輩コンシェルジュは驚くやらあわてるやら……。

今では笑い話です。こんなふうに言われては、あちらも苦笑なさったことでしょう。

この場合は、「小さくて、こじんまりしたところを望まれていらっしゃるので」とか「家庭的な雰囲気のところを」「ローカルな宿を」などと言ったほうが、実際にお客様が宿

お客様にふさわしい接客スタイルを考える

お客様がホテルに入っていらした雰囲気から、「いつもありがとうございます」の言葉はいらない、名前を呼ばないで、そんな想いを感じる方もいらっしゃいます。

そういった方には、そっと「いらっしゃいませ。ごゆっくりお過ごしください」と声をかけるか、会釈だけにとどめます。あえて声をかけないのもひとつの気配りです。

また、同じ方でも、お一人か、お連れ様がいらっしゃるかで、違う対応を求められることもあります。お連れ様がいるなら、なるべく手短な対応を心がけます。

いつもは単身で出張にいらしている顔なじみの方が、ご家族連れで見えた場合には、スタッフからあまり話しかけてほしくないと思っていることも考えられます。こうした場面では、こちらも挨拶をする程度にとどめます。ご様子は気にかけつつ、余計なアプローチはしないようにするのです。

とにかくお客様のお顔や様子によく注意することが、ふさわしい接客スタイルを選ぶ最大のヒントです。

へ到着したとき、温かく迎えていただけるでしょう。

お客様からの依頼で予約をするときは、「お客様をよろしくお願いします」という気持ちを込めて、より心地良く過ごしていただけるよう、的確な言葉を選ぶ配慮も求められます。

外国のお客様はよく、「カジュアル」「リーズナブル」「ゴージャス」といった言葉で、求める場所の雰囲気を表現されます。なかには「クールでホットなところ」なんて、直訳すると思わず笑ってしまうような表現もあります。

そうした外国のお客様の言葉をそのまま翻訳したのではうまく伝わりそうにないときや、イメージがよくない場合には、よりわかりやすい言葉に言い換えます。

「活気のある、気楽な店に行きたいとおっしゃっていまして」

「旅行客がいないような」

「最近話題の宿をとのご希望で」

「高級感のある」

といったように、きちんとお客様のイメージが伝わるようにお話しします。

ポイント

お客様により満足を味わっていただくよう、コンシェルジュはイメージのふくらむ言葉を使いたいものです。ときにはお客様の言葉をよりわかりやすく言い換えることも必要です。

間違いではなくても、合っていないことはやり直す

先日、日本人のお客様の依頼で、コンシェルジュがJRの切符を手配しました。私たちは毎日、ほとんどが外国のお客様への対応なので、日本語の切符にはいつも英語を書き添えてお渡しししています。

そして、このときもうっかりと、切符に「from Tokyo to Narita」という英文を書き込んでしまったのです。いつもの仕事の流れでつい英語を書いてしまったのでしょう。幸いにもお客様に渡す前に気づいたので、「どうしましょうか」という相談になりました。

サービスに「まぁ、いいか」は許されない

英文が書き込んであっても、電車に乗るのに何ら問題はありません。お客様も気には

なさらないかもしれません。

けれど、私たちコンシェルジュにとっては明らかに「間違い」。日本人のお客様の切符に英語を書き込むのは、おかしな対応です。その瞬間に、お客様に対する集中力が欠けていたという証拠です。「まぁ、いいか」と見過ごすことはできません。

切符の変更は、通常、1回目は無料ですが、このときはあえてキャンセル料を負担して、買い直しました。今回の買い直しは、まったくこちらの事情によるものです。切符をお渡しした後、お客様が何かの事情で変更をなさることだってあるかもしれません。そうしたことを考えても、お客様にはまっさらな状態のチケットをお渡しするのが当然だからです。

ポイント

お客様一人ひとりにふさわしい接客をするためには、「まぁ、いいか」「たぶん大丈夫」というような判断はあり得ません。一つひとつの作業を丁寧に真剣に行いましょう。

第2章

お客様の“立場”で考えるのではなく、“気持ち”に共感する

——接客のプロとして、忘れてはいけないこと

何が正しい答えかは、お客様によって異なる

ヨーロッパには、「コンシェルジュになるのではなく、コンシェルジュとして生まれてくるのだ」という言い方があります。

コンシェルジュは、人が好きで、人に興味があって、人に喜んでいただくことが楽しい。そんな人に向いています。

どんなに難しい問題でも、どんなに手間のかかる単純作業でも、それを楽しむ力があって、お客様のうれしそうな様子を見たときに、それまでの苦労がいっぺんに喜びに変わる――こんな人は、間違いなくコンシェルジュの資質があります。

コンシェルジュは創意工夫が求められる仕事

コンシェルジュの仕事が他の接客業と大きく違うのは、形がある商品を扱っているのではないということです。形ある品物や決まったサービスを提供するのではなく、自分たちの創意と工夫次第で、お客様により大きな満足と幸福を感じていただくことができる。そこにコンシェルジュという仕事の面白さがあります。

私たちが毎日やっていることの一つひとつは、お客様がお尋ねになることを調べたり、ご要望を確認して手配するといったことで、それ自体はさほど難しくありません。普段、家でやっている家事や雑用と同じで、誰にでもできることです。

けれど、コンシェルジュは単なるインフォメーション係でも、手配師でもありません。

コンシェルジュの仕事の本質は、そうした一つひとつの作業にあるのではなく、サービスを通じて一人ひとりのお客様に〝居心地の良さ〟を提供することにあります。

お客様には、クロークに荷物を預けて身軽になっていただくのと同じように、手間のかかることをコンシェルジュに預けていただいて、そのぶん、自由な滞在時間を有効に過ごしていただくのです。

お客様の依頼を解決するために、コンシェルジュは知識と経験はもちろん、想像力に推理力や洞察力、直感力までも駆使して、あれこれルートを手繰っていきます。答えを見つけられるかどうかは自分の発想次第ですから、とてもクリエイティブな仕事とも言えます。

それらの発想がうまくつながってお客様の望みをかなえる手だてを見つけられたとき、コンシェルジュという仕事の楽しさと達成感を味わえるのです。

ポイント

コンシェルジュはお客様の依頼で、さまざまな調べ物や手配をします。重要なのは、作業の結果、お客様にどれだけ満足と幸福を感じていただけるか。工夫次第で、その満足をより大きくすることもできるのです。

勝手な思い込みには十分に注意すること

お客様から、一日に何度も聞かれる質問があります。最寄駅までの行き方や、人気の観光スポットまでの行き方などです。こうした質問には条件反射のように、つい深く考えずに答えてしまいがちです。「この質問にはこう答えれば間違いがない」という思い込みが自分の中にできてしまっているのです。

忘れられない駆け出しの頃の失敗

思い込みについて、いつも思い出す失敗があります。

私がコンシェルジュになってまだ3か月ほどのことです。当時は横浜にあるホテルに勤めていました。外国のお客様は距離をご存じないため、

「ここから東京までは、電車でも、タクシーでも、だいたい1時間程度と所要時間は同じです」

そう申し上げると、

「それなら、タクシーで行こう」

とおっしゃるお客様が多いのです。そこで、

「タクシーをご利用になると1万円以上かかりますが、よろしいですか？　道が渋滞していると時間がかかることもあります。電車は１０００円もかからずに行けますし、むしろ早いかもしれません」

と申し上げていました。ほとんどのお客様は、

「え？　タクシーだとそんなに高いの？　それなら電車にします」

「教えてもらってよかった。ありがとう」

とおっしゃって、知らなかった情報をさしあげたことを喜んでくださいました。

そのときも、ついそのつもりで、いつもと同じように申し上げたのです。

ところがその方から返ってきたのは、思ってもみなかった一言でした。

「お前は、私に金のことを言うのかっ！」

お客様は烈火のごとくお怒りになったのです。

〝教えてさしあげるのがよいサービス〟という自分の思い込みが、お客様にとってはプライドに触ることだったのです。私が「気が利く」と思っていたことは、実は「自己満足」にすぎなかったことを思い知らされました。

多くのお客様に喜ばれたからといって、すべてのお客様に喜ばれるとは限らない。このお客様にとっては正解ではなかったということです。

そのお客様にとってのベストは

このときのお叱りは、今でも大きな教訓になっています。以来、何かお客様にサービスを提供するときは、「これが、このお客様の本当にほしい答えなのだろうか」という点に考えをいったん戻して、見直すようになりました。

「そのお客様にとってのベスト」は、個別のものです。たとえ同じお客様であっても、昨日と今日ではお客様の気分が違います。

「お客様にとっての満足とは？」

これは、常に新しい、永遠のテーマです。

とかくサービス業では、「何が提供できるか」ばかりに焦点を当てがちです。お客様に何かを説明しようとしていたり、あるいは理解していただこうとする場合、自分が何を発信するのか、こちらの知識や技術ばかりに意識がいってしまい、お客様の反応、お気持ちに向いていないことがあります。

けれど、私たちが提供したサービスがはたしてお客様のお気持ちに沿うものだったのか、満足していただけたのか、その答えはお客様の心の中にしかないのです。

お客様を見ていないと、「良いサービス」を勝手に自分で創り上げて、それを提供するようなことになりがちです。

まずは目の前のお客様に本気で関心を向けること。どれだけそのお客様に興味を持てるか、その方をどれだけ本気で喜ばせようと思うか。本物のホスピタリティを提供できるかどうかは、そこにかかっています。

ポイント

すべてのお客様に通じる「良いサービス」というものはありません。
目の前のお客様一人ひとりに真剣に関心を持ち、
「どうすれば満足していただけるか」と本気で考えることです。

「このお客様には何がベストか」を瞬時に判断してご案内する

お客様のご要望をかなえるには、そこには何通りもの方法が存在します。これは難易度の高い依頼ばかりではなく、例えば、ホテルから駅までの短い道のりを説明するといった単純なことにも当てはまります。

ホテルから駅に行くルートを説明するには、いくつもの方法があります。その方が迷わず駅まで行けることは最低限の条件で、間違えずに着ければそれで十分というわけではありません。

お客様のお国柄や性別、年齢に合わせて、分かりやすく、少しでも楽しくいらっしゃれるように工夫したいところです。

「駅は、どう行けばいいの？」

お客様に尋ねられたその瞬間に、どのルートで案内するか、またどのように説明するかを判断します。

最寄駅までのルートも複数ある

荷物の多い方や高齢の方には、階段のないルートで案内する、若い女性のお客様ならレディースのブランドやスイーツのショップを目印に、年配の日本の方には老舗有名店を目印に説明するといった具合に、同じ「駅まで」であっても、いろいろな案内が考えられます。もちろん、それぞれのルートは、コンシェルジュのチームで十分に検討し、統一しておくことが必要です。

外国のお客様なら、そのお国のショップを目印に。イギリスの方であれば、「ここにバーバリーがあります」と道案内に一言挟むだけで、お互いに一瞬、目と目で微笑を交わすといったコミュニケーションが生まれたりします。

日本語か英語が読める方であれば、「ここまで行くと表示が出ています」といったことをお伝えします。文字に頼らない行動派であれば、万国共通のマクドナルドを目印にしたり、不安そうなご様子でいらしたら、途中まで一緒にお連れすることもあります。

お客様は一人ひとりが違います。同じように対応していれば合格点、ということはないのです。こうした判断は経験を積むことで手だても増え、身についていくものです。ときには迷うこともあると思いますが、それでも、どうすればお客様にもっと良いサービスを提供できるのかを「お客様の気持ち」になって考えて、一つひとつ判断していくことです。

ポイント

お客様一人ひとりに対して、
「この方が最も喜んでくださる答えは?」と、
常にその方の気持ちで考えることを
習慣にしたいものです。
その基準に立った行動でないと、
どんな経験も身にはつきません。

「自分の頭」で考えず、あくまでも「お客様の気持ち」で考える

「良いサービス」という評価はお客様が決めることで、こちらが決められるものではありません。例えば、「美味しい焼き鳥の店は？」と聞かれて、〝美味しい〟と評判の有名店を紹介しても、そのお客様がそのお食事を〝楽しい〟と感じなければ、良いサービスにはなりません。

たとえ「あなたが美味しいと思う店は？」と聞かれても、自分の好みで返事をしたのでは、お客様にとっての正解にはならないのです。

何事も「自分の頭」で考えるのではなく、「お客様の気持ち」で考えるということです。

「ゆっくりと一人でくつろげるディナー」とは？

アメリカから20人ほどで観光にいらしたグループがありました。浅草や銀座はもちろん、鎌倉などへも足を延ばされ、連日、とても精力的に行動されていました。食事も、お寿司に懐石、天ぷらと、いずれもミシュランで星をとるような高級店ばかり。20人の団体ですからお店の予約にもあれこれ注文や変更があって、賑やかなグループでした。

無事に滞在日程を終えて帰国されましたが、リーダーとしてグループを率いていた方は、一日だけ帰国をずらされ、一人で残られました。

その方は朝早くにコンシェルジュのカウンターに見えて、こんなことをおっしゃったのです。

「ようやく解放されたよ。今日だけは僕一人なんだ。やっとのんびりできる。ディナーをどこか、予約してくれないかな。どこがいいだろう？」

「お疲れ様でした。今日はお一人なんですね？　どのようなところがよろしいですか？」

「リラックスして、ゆっくりご飯を食べられるところがいいな。とにかく疲れているんだよ。誰とも話したくない。放っておいてくれるところがいいな。でも、サービスはしっかりしているところ。ちょっと楽しくて、エキサイティングで、新しい店はない？」

「そうですか……。この時間はどこもオープン前で、お席の確認がとれません。それに日曜ですから、お休みの店もあります。午後、店が開いたら連絡してみて、15時頃までに、ご案内できるところを何軒か調べておきますね」

お客様の依頼を受けたスタッフがバックヤードに来て、「どこが良いと思いますか?」という話になりました。

「一人でお食事となると、誰かちょっと世話を焼いてくれるスタッフがいるところがいいんじゃない? そして軽くつまめるようなところ。……英語の話せる板前さんのいる、割烹はどう?」

「誰とも話したくないって、おっしゃってました」

「あのお客様のグループは連日かなり高級な和食の店に行かれてましたから、今日はカジュアルな洋食がいいのでは?」

「じゃぁ、美味しいビストロはどう? 一人でも気兼ねはないし」

「そうですね、サービスが良くて、味も良いビストロでしょうか」

だいたいの相談はまとまりました。

しかしながら、コンシェルジュカウンターに戻られたその方が選んだのは、きちんとしたコース料理を出す、本格的なフレンチレストランだったのです。

サービスはやり直しがきかない

仕事で疲れていて、一人でリラックスできる食事と言えば、ビストロを選択する方は多いと思います。カウンター席なら気楽だけれど、フレンチで順番に出てくるコース料理を一人で待つなんて寂しいし、落ち着かないと考えがちです。でも、この方は違いました。

私たちは、「仕事で疲れていて一人で食事をするのなら、私だったらどこへ行くだろう……」と考えていました。お客様の立場に立ちながら、最後の部分で「私」になってしまっていたのです。

このお客様は食にこだわりのある方だった、というところに、ヒントはあったのです。

お客様の滞在期間には限りがありますから、仮にお気持ちにかなうサービスが提供できなかった場合には、お客様は楽しく過ごせたはずの時間を取り戻せないまま帰宅される——海外のお客様なら帰国されることになります。

そんな申し訳ないことにならないようにするには、お客様のおっしゃることを一言も聞き逃さないことです。

お客様の言葉や表情には、お客様の気持ちを読みとくヒントが隠れています。お客様の言葉に神経を集中し、さらに言葉以外の発信にも注意を向け、自分の考えにとらわれずに発想していくことで、そのお気持ちに少しは近づけるように思います。

ポイント

お客様のおっしゃることは一言も聞き漏らさないように、神経を集中して聞きましょう。
お客様の言葉や表情には、その裏にある本当の気持ちを知るヒントが隠れています。

お客様の願いをかなえるために、全力を尽くしてお手伝いする

外国からのお客様は、「日本ではこんなことをしたい！」といった夢を描いて来日されます。ショッピングが目的の場合、その対象は具体的で、「日本に行けばきっと買える」と大いに期待していらっしゃるケースがほとんどです。日本のファッションブランドや化粧品など、世界的に知られたもののことが多いのですが、ときに例外もあります。

お客様の記憶を頼りにお菓子を捜索

一人で出張にいらしていた50歳くらいのアメリカ人男性から、

「名前はわからないけれど、昔、日本で食べた小さなお菓子を見つけてほしい」

という依頼を受けたことがあります。

それがどんなものであれ、お客様が探しているものを見つけ出すために、コンシェルジュのチームはあらゆる知恵を絞ります。

探していらっしゃるお菓子の手がかりを何か少しでも得られればと、味や形、どこで買ったのかなど、周辺情報も含めてお客様に話をうかがって、絵も描いていただきました。

しかしながら記憶が曖昧な部分もあり、形状もあやふやで、柔らかかったのか、硬かったのか、食感もはっきりとは覚えていないとおっしゃいます。

どうにかわかったことは、お探しのお菓子はロール状で、中に抹茶味のクリームが詰まっており、箱に入っていて、デ

パートで買ったということでした。

海外の方は餡子《あんこ》のことも、クリームとかペーストとおっしゃいます。デパートで買った抹茶味の餡子のお菓子なら、老舗の和菓子屋で出しているお菓子でしょう。これは比較的簡単に見つけ出せる。スタッフはみなそう思いました。

お客様の滞在は、あと二日。スタッフ全員での捜索が始まりました。あれこれ探しましたが、ネットでも、デパートに問い合わせても、それらしいものは見つかりません。お客様に写真をいろいろとお見せしても、「これじゃない」とおっしゃいます。

簡単だと思われたお菓子の捜索は暗礁に乗り上げました。いったいどんなお菓子なのか、もう東京中のデパートで売っている和菓子は探し尽くした……。

これ以上、どこを探せばいいのだろう?

いや、これはもしかすると、私たちが何かを見落としているのかもしれない。そう思い、もう一度、お客様がおっしゃったことすべてを確認させていただきました。

すると、意外なことがヒントとして浮かびました。

お客様がこんなことをおっしゃったのです。

「そういえば、あのお菓子は袋に入って、箱に入っていた」

「袋、ですか?」

「そう。袋にたくさん入ってた」

意外なお菓子の正体は？

袋入りの小さなお菓子なら、それはもっと手軽なお菓子ではないかしら？　デパートで買ったというのは、お客様の思い違いかも……。

そして、ついにお客様が探しているお菓子を見つけました。それは京都限定、抹茶味の「コロン」でした。私たちにしてみれば身近なお菓子ですが、お客様には大事な思い出のお菓子だったのです。

お菓子は探し当てましたが、メーカーに問い合わせたところ、残念ながら京都近隣でしか販売されていないことがわかりました。お客様の滞在は明後日まで。メーカーの工場から送ってもらうのも間に合いません。

そこで京都にいる知り合いのコンシェルジュに電話をすると、

「駅まで行けば、いくらでも売ってるよ。送ろうか？」

「ぜひ、お願い！」

京都から無事に届いた抹茶味の「コロン」を口に入れたお客様は、目を輝かせて喜ばれました。

「懐かしいな。これだよ！　この味さ!!」

「お客様の望みをかなえたい」という気持ちは、むろん、お客様のためですが、同時に私たちの楽しみでもあります。これがコンシェルジュの原動力なのです。

ポイント

お客様の探しているものは、
それが何であれ、チーム全員の知恵を集めて、
全力を尽くして探します。
あらゆる知識と経験と想像力を駆使して
探し出せたとき、お客様の笑顔とともに、
達成感が味わえます。

どんな依頼でも、お客様とイメージを共有すること

カウンターに見えたお客様とお話ししているとき、私はいつも、その内容をビジュアルに「絵」として想像するように心がけています。その絵が具体的な像として浮かばないときは、お客様に質問しながら、受け取った言葉を「絵」に嵌め込んでいくのです。お客様が心に思い描いている「絵」と、私の想像する「絵」がピタッと重なったとき、お客様は満足そうな笑顔になります。

言葉だけで話していると、お客様が10個の言葉をおっしゃったとして、それらはすべて合っているのだけれど、お客様とこちらとで互いにまったく違う「絵」を想像している、そんなこともあり得るのです。

「富士山に行きたい」の心は？

例えば、お客様が「富士山に行きたい」とおっしゃったとします。

ここで、「はい、富士山ですね、わかりました」と、富士登山口までのアクセスを教えるのは、プロとして失格。まずは、お客様が思い描いている「富士山」はどんな「絵」なのか、確認しなければなりません。

「明日、富士山に行きたいんだけれど、どうやって行けばいいんだろう？」
「富士山ですか？　いいですね！　世界遺産に登録されてからとても人気ですよ」
「日本に来たからには、一度は見てみたいと思ってね」
「明日はお天気も良さそうですから、足を延ばされるにはぴったりです。きっと美しいと思います。……それで、お客様は富士山に登るおつもりですか？　それとも、風景として眺めるのでしょうか？」

お客様が「富士山に行きたい」とおっしゃる場合、思い描いているのは「富士登山」なのか、「富士を風景として眺めること」なのか、その思い描いていらっしゃる「絵」

によって、ご案内はまったく違ってきます。

「風景としての富士」を想像している方に、富士登山口までの電車やバスの乗り方を教えるのは、「富士山に行きたい」という言葉は合っていても、「気持ち」を読みとれていないサービスです。お客様の言葉をうわべだけで聞いていると、こうした間違いを犯すことになります。

お客様の言葉には真剣に耳を傾け、イメージする「絵」に少しでも疑問を感じたら質問をすることで、本当のご要望へと近づくことができます。

ポイント

お客様の希望を「絵」として想像し、その「絵」がお客様の描いている「絵」と合っているか、お話ししながら確認していきます。互いの「絵」がピタッと重なったら、それが正解です。

お客様の代わりに、花で愛や感謝をお伝えする

お客様から頻繁にいただくリクエストに、「花を贈りたい」というものがあります。お祝いや記念日のサプライズ、歓迎のギフト、愛の告白のための花を依頼されることもよくあります。バレンタインデーには、海外のお客様は奥様やガールフレンドに花を贈る習慣があるので、その手配で大忙しです。

お客様の大切な方へ、その気持ちを伝える花ですから、贈られた方が特別な幸福感に包まれるような花をご用意したいものです。

けれど、特に男性のお客様は、花と言えば「赤いバラの花束」くらいの、昔懐かしいイメージしか持っていらっしゃらないことも多いのです。「どのようなお花にいたしましょうか?」と尋ねると、「適当でいいよ。任せるよ」とおっしゃる方がほとんど。でも、

贈られる方の気持ちを考えると、もう少しこだわりたい。

そこで、お客様にいろいろと話をうかがいながら、贈られた方がお喜びになるようなアレンジを提案し、お客様にもその花のイメージを頭に描いていただくようにします。

ここでもイメージを合わせていくのです。

会話からさりげなく用途を聞き出す

「花を贈りたいんだけど……」

こうおっしゃるお客様には、まずその用途をうかがいます。少ない質問で、なるべくたくさんの情報をいただけるように、「Ｙｅｓ」「Ｎｏ」では答えられないような質問をしていきます。

「かしこまりました。贈り物ですか？」

このようにうかがうと、「妻が誕生日で」とか「友人の個展のお祝いに」など、誰のための、何のための花なのか、その用途を答えていただけるケースが多いのです。

返ってきたお客様の言葉によって、「花瓶に活けられるような花束がいいですか」とか、あるいは、「そのまま置いて飾れるアレンジメントがよろしいですか」などと、お客様のイメージを引き出す質問をします。

「花束がいいですか？　それとも、アレンジメントがよろしいですか？」

このようにストレートにお尋ねしたのでは、どちらがいいという返事しか返ってきません。

さらに、「お相手の方のお好きな花はありますか？」「お好みの色味はありますか？」などとお尋ねして、わからなければ、その方の年齢や洋服の趣味など、なるべく多くの情報をお客様から聞き出して、花のイメージをつくっていきます。

ただ単に「上品に」「清楚に」「明るい感じ」などと言っただけでは、幅が広すぎてお互いのイメージがずれる可能性が高くなります。イメージはできるだけ具体的な「絵」にして、お客様と共有しなければなりません。

お相手が若い方なら、「夏ですし、黄色いヒマワリやピンクのガーベラなどを入れて、明る

くて可愛らしいお花はいかがですか？」、大人の女性なら、「バラなど白い花を基調にして、そこに少しだけパープルのお花を挿した花束などはどうでしょう？　洗練されて素敵だと思いますが……」などといった具合です。

花屋さんとのイメージの共有も大切

お客様とつくり上げたイメージは、花屋さんにもなるべく正確に伝えます。

花屋さんには、贈る人、贈られる人の感動までをイメージして、はっきりとメッセージが伝わる花を選んでもらいたいと思っています。こちらのイメージにふさわしい花をつくってもらうには、日頃からの花屋さんとの信頼関係も大切です。花屋さんによって得意とする傾向がありますから、こういうイメージならあの花屋さんが得意、こういう感じなら、あちらへお願いしよう、などと依頼先を考えます。

それでも万が一、できあがったものがイメージと違う場合には、やり直してもらうこともあります。この場合、反省すべきは自分たちの伝え方であることは言うまでもありません。

花屋さんとの関係ができあがれば、こちらのさまざまな要望にも、柔軟に対応してもらいやすくなります。コンシェルジュは企業からの依頼で、ビジネスの相手に花を手配することもよくありますが、こうしたケースはお客様が口に出さなくても、華やかで大きく、どこの会社よりも豪勢に見えるアレンジが好まれます。

そういうときは花屋さんに電話をして、「豪華な感じでお願いします」とお話ししたり、あるいは、「予算は1万円ですが、『え？　これで1万円なの？』という立派なアレンジをつくってください」なんてお願いをすることもあります。

日頃からやり取りしている花屋さんだと、先方も心得たもので、「わかりました。『え？これで1万円しかもらえないの？』という花をつくればいいんですね」と笑いながら返してくれたりします。

こんな会話ができたら、こちらの意図はわかってくれているという証拠です。

ポイント

花は、依頼主だけでなく、贈られる相手の方の満足や喜びも考えて手配します。お客様には、できるだけ具体的にお伝えして、その花をイメージしていただき、花屋さんにも明確に伝えます。

着物がほしいとおっしゃるお客様へのお手伝い

「日本の美しい着物を買って帰りたい」と言うお客様はよくいらっしゃいます。しかしながら、外国からのお客様の多くは、着物は着付けが難しいことをご存じありません。着物を買って帰ってどうなさるおつもりか、会話の中でうかがいます。

「着物を買いたいのだけれど、どこで買ったらいいかな?」

「着物ですか?　どなたかへのお土産ですか?」

着物がほしいとおっしゃるお客様には、まずこんなふうにお尋ねします。

すると、「そうなんだ、娘にね」「奥さんに」あるいは、「部屋に飾りたいと思って」などといった返事が返ってきて、着物をどう使うつもりなのかが見えてきます。

さりげない会話で情報を引き出す

「お土産ですか？」
「そう、6歳になる娘がいるんだよ」
「お嬢さんですか。お父様のお帰りを楽しみにしていらっしゃるでしょうね」
「この間、誕生日を迎えたばかりなんだ」

このように、相手の方が自分から話したくなるように会話を進めていきます。

会話から用途がわかれば、どのような着物をおすすめしたらよいか、どこの店がふさわしいかがわかります。

これが、例えば「着物？　何のためですか？」「お土産に？　どなたへ？」「おいくつですか？」「サイズは？」とうかがっていったのでは尋問のようになってしまい、お客様も楽しくありません。

なるべく自然に会話がつながるように、そして、ひとつの質問からより多くの情報を引き出せるように工夫しています。

女性のお客様で「自分で着るの」とおっしゃる方には、少し説明します。

「着物は自分でお召しになるのは、なかなか難しいのはご存じですか？　よろしければマジックテープなどで簡単に着られる簡易なものもありますし、あるいは羽織る着物ふうのガウン、さもなければ、紐で縛るだけの部屋着のような浴衣もございますが……」

それでも、ときには「本格的な着物がいい」とおっしゃる方もいらっしゃいますから、

「それでしたら、お仕立てのできる店を紹介しましょう。でも、お客様、着物は着るのが難しくて、日本人でも、半数以上の人は自分一人で着られません。それに、着るには襦袢や何本もの紐など、道具がたくさん必要です」

と申し上げると、「ええ？　本当に？」と目を丸くされることもあります。

せっかくのお気持ちはかなえてさしあげるのが原則ですが、帰国されてから当惑なさることのないように、先を読んで話をします。

なかには「部屋に飾るので、本格的な着物がほしい」とおっしゃる方もいますから、用途をうかがってからでないと、お客様の望みにぴったりのものを買える店を紹介することはできません。

ポイント

お客様の相談事には、
自然な会話で情報を引き出していきます。
質問攻めにするのではなく、
お客様が自分からいろいろと
お話しになりたくなるように、
話題を向けていきます。

お客様の「先の先まで」考えて、必要な情報をご用意

お客様に「楽しかった！　ありがとう」とおっしゃっていただくには、ただ楽しい場所やイベントの情報をお渡しするだけでは足りません。

特に、はじめての場所へ行かれるお客様には、道中もずっと安心してスムーズに楽しめるよう、コンシェルジュは想像力を駆使して、お客様に必要だと思われる情報をすべて提供しなければなりません。

はじめて訪れた日本で、少し離れた山奥にある秘境温泉へ行ってみたいとおっしゃる方があったとします。

まず交通手段はどうか。電車やバスが走っていても、それがどのくらいの本数なのか、その間、乗り換えなどの案内は英語で出ているのか。途中、迷うような場所はないか。

お客様には地図をお渡しする

目的地への行き方を尋ねられるお客様には、必ず地図をプリントしてお渡しししています。予約したレストランなど、あらかじめ情報がわかっている場合には、予約の時間、人数などの確認書もつくり、それを地図と一緒にお渡しします。

コンシェルジュのカウンターを離れることができるなら、お客様と一緒にタクシー乗り場まで行き、運転手さんに地図を渡して、「○○まで、よろしくお願いします。目的地に着いたら、建物を教えてさしあげてください」などと伝えますが、その余裕がなければ、「この地図をベルにお渡しください」と申し上げて、お客様に地図をお渡しします。「僕は場所を知っているからいいよ」とおっしゃる方にも、「運転手は知らないかもしれませんよ」と説明して、お渡しするようにしています。

食事や休憩をとる場所はあるのか。帰りの交通はどうなっているのか……。

目的地に行かれるだけでなく、憧れの山里の温泉体験をより楽しい思い出にできるように、周囲のことにも思いをめぐらしてご案内します。

お帰りが遅くなると予想されるなら、ホテルや近隣のレストランの閉店時間や、ルームサービスは何時まで利用できるかといったことも、お伝えするのがプロの仕事と言えます。

土地に不慣れなお客様に楽

しい思い出をつくっていただくには、ざっと考えても、107ページのような情報を揃えてご案内することが必要です。

これでも最低限のご案内です。観光地であればさらに、「近くにはこんな名所があります」「今はこんな花が見頃です」といったプラスの情報もお伝えしたいところです。

英語が通じないところであれば、お客様が「電車の切符の買い方」や「電車の乗り方」「イベント会場でのチケットの購入法」「ご自分のアレルギーの説明」などで困ったりしないように、それぞれを尋ねたり、案内をお願いしたり、あるいは伝えたりできるように、日本語のメモをつくってさしあげるのもよいでしょう。

ポイント

お客様をはじめての場所に送り出すときは、想像力を駆使して、その道筋や現場で起こり得るさまざまな事態を予測し、それらに対応できるだけの準備をしてさしあげましょう。

はじめての土地で楽しんでいただくために、外国のお客様にお伝えしたい情報

その土地に不慣れな外国のお客様に楽しんでいただくためには、先回りして、さまざまな情報を用意します。例えば、こんな情報です。

❶観光地へ行く場合

目的地のイメージは？　お客様の考えているような場所か／そこで何ができるのか、何が見られるのか／目的地までの道順／所要時間／何時に出発すれば、お客様のしたいことができるか／入口の場所や散策ルート／英語のインフォメーションの有無／帰りの道順はどうか／何時頃に帰路につけば、何時頃に帰り着けるか／交通手段や乗り換えの状況、どのくらいの本数があるか／食事をするところはあるか、おすすめの店は／そのあたりの名産品は？／道中、クレジットカードだけで不便はないか／どんな服装がふさわしいか

❷芝居やスポーツ観戦、コンサートの場合

お客様の考えているような場所か／何が見たいのか、何を楽しみたいのか／開催日時／チケットの状況／チケットの購入法／目的地までの道順／目的地までの所要時間／何時に出発すればよいか／予約済みチケットの現地での入手法／カードは使えるか、キャッシュが必要か／会場で気をつけるべきこと／帰りの道順はどうか／最終電車は何時か／食事はどうしたらよいか／どんな服装がふさわしいか

これらはほんの一例です。実際の場面を想像して、それにふさわしいだけの情報を提供しましょう。

〝満足の上〟をいくサービスを常に考える

ホテルでは「ホスピタリティ」ということがよく言われます。ホテル学校では、「お客様の要望を100%満たして、さらに予想以上のご満足を提供すること」、というようなことを教えます。

100%以上の満足を提供すること。そう言葉にするのは簡単ですが、実際にどういうことなのか、非常にわかりにくいと思います。どうすれば100%になるのか、100%を超えるとはどういうことなのか――。

お客様の要望を先読みする

先だって、知人がうれしい報告をしてくれました。

その方はハイアット系列のホテルにお泊りになり、持参した白ワインを部屋で味わおうと、客室係に電話をかけて、ワイングラスを貸してほしいとおっしゃったそうです。届いたグラスでワインを楽しんでいるうちに、ワインの温度がぬるんできました。部屋を見回すと、棚にアイスペールがあります。大きめで、ちょうどワインボトルが入りそう。「ここに氷を入れれば、ワインを冷やせる」と思い立った彼は、再び客室係に電話をかけて、こう頼んだそうです。

「氷を持ってきてください」

その数分後、チャイムが鳴ったのでドアを開けると、さっきワイングラスを持ってきたスタッフとは別の客室係が立っていました。

「お客様、氷をお持ちしました。ワインクーラーもお持ちしましたが、お役に立ちますか？」

客室係は、彼のオーダー通りの氷がいっぱいに入ったアイスペールと、氷をたくさん入れたワインクーラーの2つを持って現れたのです。先にワイングラスを頼んだことから推測し、氷はワインを冷やすためなのではと気をまわしたのです。

「いや、感激しました。よくわかったものです。しかも、最初の人と、次の人はまったく別のスタッフです。ちゃんと話が通じているところが、すごいですね」

と知人はほめてくださいました。お客様が驚き、感心してくださったのですから、これは100％を超えたということでしょう。

でも、最初にお客様から「ワイングラスを」と言われたときに、「ワインクーラーも、お持ちしましょうか？」と尋ねていたなら、もっと気が利いていたのに……と思います。

お客様の行動や要望を先読みして、自分にできることを最大限に考えること。これがホスピタリティなのです。

ポイント

お客様の行動や要望を常に先読みして、
「今、自分にできることは？」
と考えることです。
お客様はそのサービスに驚き、
120％の満足を感じてくださることでしょう。

第3章

お客様の“本当の望み”を探り当てる

――言葉そのままを実現するのが良いサービスとは限らない

お客様の望みをそのままかなえるのが〝良いサービス〟とは限らない

外国のお客様が日本へいらっしゃる目的のひとつに、ショッピングがあります。コンシェルジュデスクには、「こんなものを買いたい。どこで売ってるの？」といった相談が毎日寄せられます。その内容は本当にバラエティー豊か。ときにはビックリするようなお買い物もありますが、法律に触れるものでない限り、それがどんなものであれコンシェルジュは「どうして、そんなものを？」とは問いません。

お客様はほしかったものが手に入ったとき、本当にうれしそうにホテルに帰っていらっしゃいます。

ただ、旅先での衝動買いの場合もありますから、お客様から買い物の相談を受けた場合には、それが本当にほしいものなのか、帰国されてからどうなさるのかをうかがわなければならないこともあります。

さらに、外国のお客様の場合は、外国人ならではの勘違いや思い込みもあって、お客様のお望みのものを、その言葉通りに提供すればよいわけではない、ということもしばしば起こります。お客様の勘違いは訂正し、日本の文化を正しく知っていただくことも、ホテルで働くコンシェルジュの役割だと考えています。

障子を持ち帰ろうとされたお客様

あるとき、ホテルの部屋に設えてある障子が気に入られたフランス人のお客様がいらっしゃいました。

「これを持ち帰りたい。同じものを帰るまでに手配して、梱包しておいてくれないか」と客室係におっしゃったそうです。客室係はそのままうけたまわって、コンシェルジュに電話をしてきました。障子を手配することは、難しくありません。

でも、お客様は本当に障子をよくご覧になったのでしょうか。おそらく、部屋の障子をインテリアの衝立か何かだと勘違いされているのでは？　障子を自宅に持ち帰ったら、そこではじめて、「これはどうやったら立つんだ？」と不思議に思われるのではないでしょうか。そして、どうやっても立たない障子を前にして、当惑されるはずです。

取り急ぎお客様のお部屋にうかがって、改めてご意向をうかがうことにしました。お客様は障子を持ち帰れると思って、喜んでいらっしゃるかもしれません。そのお気持ちを傷つけないように、どう話を切り出すか……。

「お客様、日本の障子が気に入られましたか？」

「これはとても繊細で美しい。日本の思い出にするよ」

「日本の障子を気に入っていただいて、うれしいです。それで、お客様は本当にこの大きな障子をお求めですか？　障子は単独で置けるインテリアではなく、日本家屋のスライド式のドアのようなものです。ご覧ください、この敷居がなければ立ちません。このまま持ち帰られても、ご自宅ではお使いになれないかと思いますが……。それとも、こういった障子ふうのインテリアもあります。そちらのほうがよろしいのではないでしょうか？」

お客様はもう一度、障子をしげしげとご覧になって、

「なるほど、これはドアだったんだ。独立して置けるものではないんだね」

と納得してくださいました。

結局、障子のような雰囲気の調度品がほしいとおっしゃったので、障子を模した衝立

のカタログを用意して見ていただきました。幸い、その中のひとつを気に入られたので、店からご自宅へ送る手配をしました。

笑い話のような出来事ですが、もし、お客様の言葉通りに本物の障子を用意したら、どうなるでしょうか。お客様はそんなに深くは考えず、ちょっと気に入ると「これがほしい」「これが食べたい」「ここへ行きたい」とおっしゃることがよくあります。

お客様のご要望はいったん受け止め、同時に、「このお客様は、本当は何がしたいのだろう?」と考えること。これを怠ると、お客様の願いは表面的にはかなったけれど、実はまったく見当外れ……ということも起こり得るのです。

ポイント

お客様の希望をうかがったら、
それを実現するには
どのような方法があるのかを考えます。
同時に、その言葉の奥にある
本当の「気持ち」は何だろう?
と考えることも忘れずに。

お客様と同じ側に立って、同じ目線で考えてみる

コンシェルジュのカウンターでお客様と対面していると、何をおすすめしたらよいのか、何がベストなのか、ピンとこないことがあります。お客様が本当は何を望んでいらっしゃるのか、今ひとつわからない。お客様が出される条件すべてを満たすところを思いつかない。ときとして、そういうことがあります。

「お客様のご要望を、いかに満たそうか」。そう考えてしまうと、お客様とまっすぐ正面から向き合うことになり、それでかえって答えが見つけられなくなるのです。

「神戸ビーフのステーキ」が食べたい

アメリカ人の初老のご夫婦が、東京の観光コースを考えてほしいとコンシェルジュの

カウンターに見えました。皇居から浅草へと、盛りだくさんのルートをご案内したところで、ご主人がこう尋ねられました。

「夕食は神戸ビーフが食べたいのだけれど、どこかいいところはあるかな？　神戸ビーフのステーキが食べたい。ホテルの外で、落ち着いた静かな店がいいな」

銀座のステーキハウスが思い浮かびましたが、その日は朝から小雨が降っていて、夜には激しくなるという予報が出ていました。一日がかりの観光から帰られたお二人が、また雨の中を出かけるのはお疲れになるのではないだろうか……。

かといって、お客様のご要望にぴったりのレストランは、ホテルの近くにはありません。六本木で神戸牛を出しているところは、賑やかな店か、肉厚のステーキではなく、カットしてサーブする鉄板焼きです。この鉄板焼きは日本独自のスタイルで、アメリカ人が好きなステーキとは趣が違います。

お客様の希望にかなうお店は近所にないな……と思いながら記憶だけでは思いつかず、資料のファイルをめくってぴったりの店を探そうとしました。カウンターで接客していると、このように「お客様の言葉通りの店がないかな、ないかな」と、言われたことに真正面から向き合ってしまいがちです。

ところが、そのときにふと、「このお客様は、本当は何ができたら喜んでくださるのだろう」と思いました。はたしてお客様は鉄板焼きのことまで考えたうえで、わざわざ「ステーキ」とおっしゃったのだろうか。いや、もしかすると、鉄板焼きのことなどご存じないかもしれない……。

お客様と向き合うのではなく、隣に寄り添って立つ感覚になって、目線を同じ方向へ向けてみる。そうすると、「あ、このお客様は『日本に来たからには、評判の高い神戸ビーフを食べてみたい』と思われたのではないか」と思いました。

「お客様、夜は雨が激しくなる予報が出ていますから、お疲れのところをまたタクシーでお出かけになるのはご面倒でしょう。この近所にはステーキではないけれど、神戸ビーフの美味しい店があります。鉄板焼きと言って日本独自のスタイルです。シェフが目の前で調理して、カットしてくれます。そちらをお試しになってはいかがでしょうか」

「鉄板焼き？　聞いたことがあるよ。夜、またわざわざ出かけるのは面倒に思うに違いないし、そのレストランに行ってみよう。予約しておいてくれるかな？」

お客様はそうおっしゃって、楽しそうに観光にお出かけになりました。

接客中に迷ったら、

「この方が本当にしたいことは何だろう？　本当のお気持ちは？」

お客様に寄り添う気持ちで
考えると、お客様の本当の
気持ちが見えてきます

ともう一度、お客様の気持ちで考えてみることです。お客様がおっしゃる状況のすべてを満たせなくても、一番大切なポイントがわかれば、答えを導くことができます。

大事なのは、お客様に寄り添い、お客様と同じ目線に立って考えることです。

実際にはお客様と正面から向き合っていても、心ではお客様と同じ方向を向いてみる。そうすれば、お客様に見えているのと同じゴールが見えてきます。

ポイント

接客中はお客様と
正面から向き合うことがほとんどです。
けれど、気持ちとしては隣に寄り添って、
お客様が見ているのと同じ光景を
眺めてみましょう。きっと答えが見えてきます。

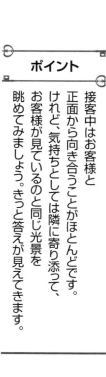

お客様の〝できない要望〟は〝できること〟に変換する

カウンターに見えた外国人の年配の女性が、雑誌の切り抜きを大事そうに差し出して、こうおっしゃいました。

「ここに行きたいのだけれど、この場所はどこですか？」

印刷されていたのは、葛飾北斎の「富嶽三十六景」の中の一枚。お客様はとても真剣です。

「これは大昔の風景ですから、今はそんな場所はありません」

と言ってしまえば、それで話はおしまいですが、本気で「ここに行きたい」と願っているお客様をがっかりさせたくはありません。お客様の誤解は解いて、不可能な願い事は〝できる願い事〟に変換して提案し、可能な限り希望をかなえてさしあげたい。

「お客様、その風景は大昔のもので、今はもう見ることはできません。試しに、この絵が描かれたのと同じ場所に行ってみますか？　どれだけ変わったかがわかって面白いと思います。今はビルで富士山は見えないと思いますが……。

それとも、この絵と似たような風景が見える場所、つまり、海の向こうに富士山が見える場所へいらっしゃいますか？　それでもやはり、この木造の家並みはもうありませんけれど、海の向こうに臨む富士はきれいですよ！」

お客様の望みはどうにかして実現してさしあげたいと思いますが、でも、何らかの事情でかなわないこともあります。その場合にも、「お客様、残念ですがそれは無理です」と伝えるのではなく、「お客様が満足なさるのは何か？」「どんなことなら、できる？」とさまざまに考えをめぐらすことです。

同じ話でも、手配の仕方と伝え方によって、お客様は落胆した表情になることもあれば、その反対に、お客様を笑顔にしてさしあげることもできるのです。

例えば、お客様が「六客ほしい」とおっしゃった器が、五客しか揃わなかったとします。

「残念ながら、六客揃いのものはありませんでした」

とだけ申し上げたなら、お客様はとても残念な顔をされるでしょう。けれど、

「五客ありました。それはお取り置きしておきましたが、いかがなさいますか？」

こうお話しすれば、

「五客、見つけてくれたの？　あってよかった！」

とお客様は喜んでくださるかもしれません。

代案を提案してお客様に選んでいただく

海外からのお客様は、滞在される季節や日数が限られているので、ご希望をそのまますべてかなえられないこともあります。それでも、望みがつながる何かは提供したいものです。

そのためには、お客様の要望は言葉だけを聞くのではなく、さまざまな角度から考えて具体的なイメージをいくつか提案し、その方のお好みを聞きながら、よりふさわしい提案に絞り込んでいきます。

そうやっていくつか提案した中から、お客様の心によりぴったりくるものを選んでいただくようにすれば、お客様はきっとその代案に満足してくださいます。

「コンシェルジュはお客様の頼み事に『NO』を言わない」とよく言われます。それはコンシェルジュが「あれがダメなら、こちらはどうだろう？」と、何事につけあきらめ悪く手を尽くすということです。そういう性分の人がコンシェルジュをしていると言ってもいいかもしれません。

ポイント

お客様の望みが
たとえ100%かなえられなくても、
お気持ちに添う代案をいくつか考えて、
その中から選んでいただくようにしましょう。
もともとのプラン以上に
喜んでいただけることも少なくありません。

お客様のおっしゃる「日本的」とは、浅草か、相撲か、それともアニメ?

「日本的なところへ行きたいんだ。どこがおすすめ？　どうやって行ったらいいの？」

外国のお客様に尋ねられて、あちらこちらの写真をお見せしても、どうもしっくりこない表情。もしやと思い、秋葉原界隈のキャラクターショップの写真をお見せしたところ、「そう、ここ、ここ！　こういうところに行きたいんだ！」と写真を指さして喜ばれたことがあります。最近、秋葉原に行きたがるお客様が増えているな、という感覚はありましたが、まさか「秋葉原＝日本的」と捉えられているとは思いませんでした。

この「日本的」という言葉は実に意味が広く、ざっと上げても、「寿司」「和食」「京都」「温泉」「富士山」「相撲」「忍者」「芸者」などなど多種多様です。さらに最近は「秋葉原」「家電」「ファッション」「原宿」「マンガ」「フィギュア」なども「日本的」なイメージの範囲に入り、どんどん複雑になっています。

目の前のお客様が考えている「日本的なところ」を的確に探り当てるには、その方の様子や雰囲気を見ながら、ご興味のある分野などへ話を広げていって、「このお客様は、このようなものがお好きでは……」と推理していくのです。観察力と想像力を働かせて、自分の経験と知っている情報を総動員して、お客様のお気持ちにぴったりと合う場所へと近づいていきます。もちろん、第六感も働かせて。

お客様のプロポーズの演出をお手伝い

コンシェルジュがよく受ける相談のひとつに、記念日や誕生日のお祝い、そしてプロポーズなど特別な機会のサプライズ演出があります。

「ホテルでプロポーズしたいので、協力してほしい」といったご依頼はよくあります。皆様、大舞台を前に緊張していて、だいたいがアイデアを練り上げ、かなり凝った演出を希望されます。コンシェルジュチームとしても、これは楽しい依頼です。

特別なギフトを用意したり、花束やシャンパンを演出に合わせてお届けしたり、あるいはお部屋に音楽をかけておくなど、お客様は本当にいろいろなことをお考えになります。

特別な料理やケーキをつくってほしい、チャペルでプロポーズをしたいなど、他部署との相談が必要なことはいったんお預かりします。こうしたリクエストはそう難しいものではありませんが、危険なことやほかのお客様のご迷惑になることは、お引き受けできない場合もあります。

部屋中をキャンドルで飾りたい……

お相手の方へのサプライズとして、「部屋中をキャンドルで飾りたい」というご依頼がありました。そのアイデアは素敵ですが、部屋の中でたくさんのキャンドルに火をつけることは危険なのでお受けできません。

また、プロポーズのサプライズとして、「ケーキの中に、指輪を埋め込んでほしい」というリクエストをいただいたこともあります。これもスタッフで検討しましたが、女性のお客様が気づかずに飲み込んでしまうアクシデントも考えられるため、パティシエの「それは安全上問題がある」という判断を、お客様にお伝えしました。

しかしながら、特別な演出を考えて相談に見えたお客様は、「これならきっと彼女に喜んでもらえる！」と、かなりイメージをふくらませて、期待していらっしゃるに違いありません。

「それはお受けできません」だけでは、お客様を失望させてしまいます。

さて、ここからがコンシェルジュチームの創意工夫が試される場面です。

「ほかにできることは？」と考える

こうした実現が難しい相談を受けた際には、「それは素敵ですね。ですがお客様……」と、アイデアには賛成しつつ、それができない理由をわかりやすく説明してご理解いただきます。そのうえで、お客様の意図をもう少し詳しくうかがって、一緒に代案を考えていくのです。

例えば、部屋中をキャンドルふうのイルミネーションで美しく飾ることはできますし、食べ物ではなく、テーブルのお花に、指輪を可愛らしく飾り付けることはできます。風船に指輪をつけて、お部屋に浮かせたこともありました。

「ケーキの中に指輪を」とおっしゃったお客様は、結局、お二人の思い出の場所である海をモチーフにしたケーキをパティシエが心を込めておつくりし、指輪はきれいな小箱に入れてその隣に置いて、ルームサービスで部屋までお届けしました。

こうした演出が成功し、無事にウェディングを迎えられたお二人が報告に立ち寄ってくださることがあります。

キャンドルふうのイルミネーションでお部屋を飾ったカップルは、ホテルで結婚式を挙げられました。その当日、お二人のお部屋に、あのときと同じイルミネーションをそっと飾り付けておきました。もちろん、お客様はとても喜んでくださいました。

頼まれることをただ忠実にやるだけなら、それは手配屋さん。ホテルにもルールがあり、できないことはありますが、それでもできるだけお客様のご要望をかなえたい。

「それは難しいな」と思うようなことこそ、「無理」から発想せずに「どうしたら実現できるだろうか？」と考えて、喜んでいただける代案を提案していきたい。

方法はひとつだけではなく、発想を豊かにすれば2つでも、3つでも、いえ、もっとあるはずなのです。

ポイント

お客様の要望でも、お受けできないとわかっていることは曖昧にせず、その理由を説明してご理解をいただきます。そして、はじめのプラン以上に喜んでいただけるような代案を考える努力をします。

グレーゾーンの中から、たったひとつの「ベスト」を探り当てる

お客様は一人ひとり趣味や嗜好が違いますから、それぞれの方に喜んでいただける「ベスト」を選び出すのに、マニュアルなどはありません。会話をしながら、想像力を働かせて探り当てていきます。

あまり苦労せずに、「この方にとっては、ここが正解！」と感じられることもありますが、どうしても、その方の「ベスト」が絞りにくいこともあります。

例えば3軒のレストランの候補があったとして、いずれを選ばれても、きっと美味しく食事を楽しんでいただけるはず、というような場合です。

どう考えても、「この方はこの3軒なら、どこを選ばれても、きっと満足してくださるはず……」。言ってしまえば、「いずれでもいい」のです。

けれど、そんな場合でも、いずれかがお客様の「ベスト」であるはずなのです。

答えは幅広いグレーゾーンに隠れている

私はよく、「答えは白でもなく黒でもなく、グレーなことが多い」と言います。「間違いなくこれが正解」あるいは、「それは明らかに×」というのはわかりやすいのですが、その両極の間には非常に幅広いグレーゾーンがあります。お客様の質問に対するたったひとつの答えは、この幅広いグレーゾーンの中に隠れていることが多いのです。「そのグレーゾーンの中にある点なら、どれでもいいじゃないか」と思われるかもしれません。それは明らかな「×」ではないわけですから、確かに、それでもよいのかもしれません。

けれど、その中に、本当に一番の「ベスト」が隠れているのです。そのグレーゾーンのどこかにあるはずの、たったひとつの「ベスト」な答えを探り当てなくては、コンシエルジュの仕事とは言えません。

身近な例で言うなら、どこかに行こうとして交通手段を検索したとします。電車やバスなどいくつかのルートが表示され、どれを選んでも目的地にはたどり着けます。けれど、私たちは「急いでいるから」「乗り換えが楽だから」など、何かの理由で、いずれかのルートを選んでいます。

それと同じで、今目の前にいるお客様にとっての「ベスト」な答えがあるはずなのです。同じように見える3つの選択肢の中から何かを基準にして、その「ベスト」を選んでさしあげなければならない。

それをピタッと当てることができたとき、コンシェルジュには「これが正解だ!」とわかる感触があります。

コンシェルジュが演出することも必要

その選択肢は最初から「ベスト」としてあるとは限らず、私たち次第で「ベスト」にできることもあります。お客様にも「そこがベスト」だと感じていただけるように、意味づけしたり、リードしたりして、説明を工夫することも必要です。

といっても、「ベスト」ではないものを「ベスト」につくり上げるという意味ではなく、お客様の言葉の裏にある本当の望みを読みときながら、お客様に「この選択が正しいのだ」と理解していただくということです。「自分は一番いいものを選んだ」と期待に胸をふくらませてお出かけになるようにしてさしあげるのです。

お客様との会話の中からあれこれ想像力を働かせて推測し、さまざまな候補を考えつつ、的確な質問で、よりお客様の「ベスト」へと近づいていく。そうして探り当てた「ベスト」にさらに磨きをかけて、お客様に喜んでいただく。このプロセスこそ、コンシェルジュの仕事の醍醐味だと思います。

ポイント

いろんな要素から判断して、
お客様にとっての「ベスト」を見つけましょう。
そのうえで、その方にとって
「それがベストなのだ」と
感じていただけるようにご案内します。

お客様のご存じない情報は、補足してさしあげる

週末や3連休ともなると、ガイドブックに載っているような京都、箱根、富士山といった日本の観光地へ行きたいのだけれど……とおっしゃる外国のお客様がコンシェルジュのカウンターに次々と見えます。なかには、「京都の祇園へ行きたい」とか、「○○の旅館に泊まりたい」と具体的におっしゃる方もいます。

その言葉通りに新幹線の切符を手配したり、旅館に宿泊予約を入れることは簡単なのですが、お客様はガイドブックをご覧になって美しい写真に魅せられ、「ここへ行きたい！」とおっしゃることがあります。

つまり、そこへ行くまでにどれだけ時間がかかるのか、あるいはどのような空間なのかもご存じない場合が多いのです。このようなときは、少しお話ししてみます。

実際に行かれたお客様が、「期待と違った」「楽しめなかった」という結果にならないように、コンシェルジュとしては、「ご満足いただけないかも……」と不安に思われる要素は、なるべく事前に取り除いてさしあげたいからです。

例えば、旅館に泊まりたいとおっしゃるお客様の場合、

「旅館には、基本的に椅子やテーブルはありません。畳に座る生活です」

「仲居さんという女性が部屋に入ってきて世話をしてくれます。ホテルとはプライバシーの感覚が違いますが、構いませんか？」

「お食事は、仲居さんがお部屋に運んできてくれて、畳の上で提供されます」

「ベッドではなく、寝具は布団です。畳の上に布団を敷いて寝ます」

など、旅館についてイメージが湧くように、また楽しみに思えるように気をつけて説明します。

宿泊料金を告げると、「そんなに高いの？」と驚く顔をされますが、そういうときには、「外のお料理屋さんでこういう食事をすることを考えれば、妥当な料金です」と説明すると、納得していただけます。

何より和室での生活を経験したことのない外国の方が、旅館で2泊や3泊の時間を楽

しめるのか、それが私たちとしては気がかりです。
初体験の畳での生活を「面白そう」とますます楽しみにしてくださるお客様もありますが、一方で、小さなお子様連れなどで不安そうな場合には、例えば1泊は旅館に泊まるとして、あとの1泊はホテルで……といった具合に、プランを考えてさしあげることもあります。

旅館に電話をして予約をする際は、憧れの旅館体験が素敵な思い出となりますようにと願いながら、「お客様は、はじめて旅館にお泊りになります。よろしくお願いいたします……」と、家族を送り出すような気持ちでお願いしています。

日本的情緒を味わうなら?

「京都に行きたい」とおっしゃるお客様に、「京都のどのようなところを見たいですか?」とうかがうと、見たいものがはっきりしている方もいますが、ただ漠然と、「日本の昔の町並みが見たい」とおっしゃる方もいます。外国人のお客様は距離をご存じなく、つまり、移動時間のことなど考えずにおっしゃることも多いのです。

ご年配の方やお子様連れで、これは無理な旅程になりそうだと思うと、「それなら京都まで行かなくても、ここにもありますよ」と川越の小江戸の街並みの写真をお見せすると、「面白そう。無理して疲れるより、京都は次回に取っておいて、今回はここにしようかな」などとおっしゃって、予定を変更される方もいらっしゃいます。

お客様のご要望をそのまま受けるのではなく、お客様のご存じない情報を提供することも、コンシェルジュの役割です。

ポイント

お客様が知らないことや
気づかない部分について、
その土地の情報を知っている友人として
補足してさしあげるのも
コンシェルジュの仕事です。

判断保留のお客様の迷いは、「自分にできること」に置き換える

Ａという選択肢と、Ｂという選択肢、どちらにしようか迷って決められないお客様もいらっしゃいます。こうした場合には、お客様が決断されるまでただ待つのではなく、「今のうちに、自分にできることはないだろうか？」と考えることで、結果としてお客様をより早くゴールへと送り届けることができます。

例えば、朝、お客様が出がけにコンシェルジュのデスクにちょっとだけ立ち寄られて、「週末は金沢か日光に行こうかと迷っている。新幹線や宿の手配をお願いしたいのだが……」とおっしゃったとします。

ごく限られた時間の中でも何か決断のヒントになるような情報をさしあげますが、お客様は、「あとでまた来ますね」とおっしゃって出かけられた。このようなことはよく

あります。

そのお客様がまた見えるかもしれないことは、その日のシフトのコンシェルジュ全員に引き継がれますが、とうとう遅番がデスクを閉める時間まで現われませんでした。この場合は、「また来ますとおっしゃっていましたが、お見えになりませんでした」という引き継ぎになります。

今朝、さしあげた資料も、お客様はお読みになったかどうかわかりません。このままでは、そのお客様の切符や宿の手配が必要なのかわからず、何事も先に進められません。明朝、お客様がカウンターに見えたとき、また今朝と同じところから話をスタートするのでは、せっかく今朝、時間のない中、カウンターに立ち寄ってくださった意味がありません。これではあまりに申し訳ない。

常に「自分にできること」に置き換えていく

こんなとき、どうすればよいでしょうか?

朝、お客様がカウンターに立ち寄られたときに、「自分に今、できることは?」と考えるのです。例えば、「お客様が選択しやすいように、資料を用意すること」ならできます。

「資料を揃えてお部屋にお届けしておきますので、お決まりになりましたら、○時頃までにコンシェルジュにお申し付けください」

このようにお伝えすれば、お客様は翌日、コンシェルジュカウンターに見えるまでに、「どちらに行くか」「どのように行くか」「行ったら何をしたいか」などを決めておくことができます。そのときに応対するコンシェルジュが前日とは違うスタッフでも、「お客様のお部屋に資料を用意しておきました。手配が必要な場合は○時までに、とお伝えしてあります」という引き継ぎによって、作業が一歩進んだ状態から始められます。

先回りすることで時間に余裕が生まれる

これもよくあることですが、「レストランを5時か6時に予約したい」とおっしゃって出かけられるお客様には、まず、「どちらの時間がご希望ですか？」「時間がどちらであっても、予約が取れれば確定してもよいですか？」と確認します。

お客様が「6時に」とおっしゃった場合で、レストランに問い合わせたところ、「あいにく6時は満席だけれど、7時からなら空きがある」というケースもあります。

このような場合は、その方の予定をわかる限り考え合わせ、ご無理がないと判断すれば、その時間での予約をしておき、「7時に予約しておきました。ご都合はいかがでし

答えに迷ったら、違う切り口から考えてみる

お客様に対応しながら、「本当に、これがベストなのか？」「もっとほかにないのか？」と自問することがあります。常にそう考えるのは、とても大切なことだと思います。

どれが正解なのか迷ってしまったら、まず、お客様の気持ちを考えてみます。それから自分が提供しようとしている手配や情報について、近くにいる仲間に「どう思う？」と意見を聞いたり、あるいは近くに聞ける人が誰もいないなら、「あの人なら、どう考えるだろうか？」と、先輩や仲間のコンシェルジュの顔を思い浮かべて、自分とは別な人になったつもりで、今一度、検討したいところです。

こうした思考の訓練は、「これがベスト」という自分の思い込みや、失敗が怖くて無難な決断をしているかもしれない自分に気づくきっかけを与えてくれます。

ょうか。何かあれば、○時までにおっしゃってください」と申し上げます。

お客様のご予定をある程度先まで予測して、「自分がお手伝いできることを考え、できることはやっておく」。この発想で仕事をしていくと、ものごとが効率的に進められ、お客様にも満足していただけることが多いのです。

「今、やるべきことをやるだけでなく、今やっておいたほうがいいと思うことはすべてやっておき

ましょう」、このようにチームでもよく話しています。

決めるのはあくまでもお客様ですが、常に「自分が今、できることは何だろう？」と頭を働かせることで、お客様を先へとリードすることができます。

ご自分が決めたことであっても、お客様が迷ったり、気が変わったりするのはよくあることです。いったん決めて手配をしたから、もう安心、ということはありません。

何事につけ、それを前提とした準備と余裕がほしいものです。時間はギリギリにせず、余裕を残して動く。一度手配したら誰にでもわかるように情報を共有しておく。ほかの候補も調べておく。これらができると、気持ちにも仕事にもゆとりが出ます。

ポイント

お客様の意思を確認しないことには、先へ進められない仕事があります。その場合でもただ待っているのではなく、常に「今、自分にできることは?」と発想すると、仕事に余裕が生まれます。

積極的なご案内で、お客様の背中を押すこともある

迷っていらっしゃるお客様には情報をさしあげますが、情報が増えるほど、決められなくなるお客様もいらっしゃいます。「草津に行こうか、それとも箱根にしようか」と迷って決められないようなお客様に、それならばと、両方のより詳しい情報をさしあげるのは、余計に迷わせることになります。

こういった場合は、それぞれに独特の特徴を示してすっきりと説明したうえで、その方の嗜好やこれまでの行動パターンなどから、「どちらがお好みか」というご案内に切り替えます。

それでも、お客様が「両方行きたい。どうしよう?」とおっしゃるようなら、「今、こちらではこんなものが見どころで、それは今の時期しか見られません。今回はこちら

にされてはいかがですか？」と一歩踏み込んだ積極的なご案内をするようにしています。限られた滞在期間の中でやりたいことを楽しんでいただくには、迷っている時間ももったいないのです。

そのように積極的なご案内をしても、お客様がまだ迷っているときは、もう一方を選びたい気持ちが強いのかもしれません。つまり、こちらが距離的なことも考えて箱根をおすすめしたけれど、どうも踏ん切りがつかないような場合です。

そんなときは、すぐに話を切り替え、別のほう（例えば草津）を選んだ場合の話をして、お客様の表情を見ます。

情報を出しすぎてお客様を迷わせてしまうのは、良いサービスとは言えません。状況を見ながら判断し、迷わせないように、なおかつ、お客様に「これでよかった」と思っていただけるように情報を提供していくことも必

要なのです。

こうした接客は、お客様をリードしていく接客と言えるかもしれません。ただし、決定するのはあくまでもお客様です。コンシェルジュが会話をリードするといっても、自分のアイデアにお客様を従わせるということではなく、日頃からさまざまな情報に接しているプロのコンシェルジュとして、「どちらもご存じないこのお客様が満足するのは、どちらか」を判断しておすすめするということです。

お客様は自分の選択が最善のものだと信じたいのです。決めたお客様には、「きっと素敵ですよ！　いってらっしゃいませ」とお声をかけ、「自分は最良の選択をした！」と思っていただけるように、笑顔で送り出します。

ポイント

コンシェルジュはお客様の知らない情報もたくさん持っています。お客様に聞かれたことに答えるだけではなく、ときにはプロの経験や判断に基づいた積極的なおすすめも喜ばれます。

トラブルに見舞われたお客様には〝頼りになる友人〟として対応する

お客様が思わぬトラブルに遭われることもあります。急な病気やケガ、あるいはパスポートを落とした、財布やキャッシュカードをなくした、またはフライトに乗り遅れた……などなど。

トラブルに見舞われ、「大変！　どうしよう⁉」とカウンターに駆けつけるお客様は気が動転しています。せっぱつまっているご自分の状況を何とか説明しようとされますが、要領を得ないこともあります。

どういう経緯で何が起きているのかを把握しなければ、こちらもアクションは起こせません。ひとまず、「それは大変ですね。お手伝いします」「私も一緒にお探しします」と申し上げて、落ち着いていただくようにします。まずは共感をして、お客様の不安や動揺を鎮めていただくのです。

紛失物なら、お客様がその日の朝からどういう行動をとられたか、また、最後に確実にあったのはどの時点までかなどを、順を追って思い出していただきます。こちらが平常心で穏やかに話をしていくうちに、お客様はだんだんと落ち着いてきます。

病気やケガなどの場合は、症状をうかがってお医者様を紹介したり、緊急の場合は救急車を呼んで、場合によっては同行することもあります。お連れ様がいればお任せしますが、お一人の場合、言葉も通じない異国で体調が悪いとあっては、さぞ不安だろうと思うからです。

こうしたトラブルの際に大切なのは、冷静さを失わないこと。お客様の不安や心配は理解し、共感しながらも、そこに呑まれてしまうのではなく、「私たちはこういうとき、どうすればいいのかを知っています」「問題解決のために、全力を尽くします」といった、プロらしい冷静さと機敏さで対処することが求められます。

部屋にパスポートを忘れた!

時々、ホテルの部屋のセーフティボックスに、パスポートを忘れるお客がいらっしゃいます。フロントではチェックアウトの際に必ず、「セーフティボックスに、パスポートなどのお忘れ物はございませんか？」とお声をかけることにしていて、お客様は決まって「大丈夫」とおっしゃいます。

ところが、実際には「パスポートを忘れた！」と飛行場から電話をかけてくるお客様が後を絶ちません。


つい先日もそんなことがありました。そのお客様は札幌にスキーに行かれようとして、ご自分で飛行機のチケットを手配されたのですが、出発当日の朝に大寝坊！

「もう間に合わない!! このチケットを、もっと遅い便に変更してもらえない？」

とコンシェルジュのカウンターに見えました。

フライトを午後一番の便に変更してさしあげ、お客様は「ありがとう。これなら間に合う」と、何とか無事に出発。これで一件落着……と思ったら、間もなくそのお客様から電話がかかってきました。

「あわてて出発したので、部屋のセーフティボックスにパスポートを忘れてしまった。今、羽田にいるから、届けてくれないか？」

お部屋係が急いで確認すると、確かにセーフティボックスにパスポートがありました。

外国のお客様は、国内を移動する際も基本的にはパスポートを携行することになっています。お客様に折り返し電話をかけて、パスポートがあったことをお伝えし、「飛行場にお届けすることもできますが、フライトには間に合わないかもしれません。ですが、お客様、国内の移動の場合、パスポートを携行しないと必ずしも不自由が生じるということでもないので、お客様が東京に戻られて出国するまでの間に、取りに寄っていただくこともできます」

とご説明申し上げました。

けれど、お客様は「やはり不安だから持って行きたい」とおっしゃいます。それは当然ですから、タクシー代はお客様にご負担いただくということで、急いでベルマンがパスポートを持って羽田に向かいました。

間に合う？　間に合わない？

またお客様から電話があり、落ち着かなそうに尋ねられます。

「間に合うだろうか？　今どのあたりだろう？」

この間、コンシェルジュはフライトに間に合わなかった場合に備えて、次の便の空席状況を調べ、さらに、札幌の飛行場に迎えに来てくれるという今晩の宿にも電話をして、時間の変更が可能かなどを調べていました。

「ベルマンが今向かっていますが、道路の混み具合にもよりますので、まだ間に合うかどうかは何とも言えません。お客様、飛行機をもう一便、遅くするわけにはまいりませんか？」

「あ、そうか。その手があったね。それじゃ、もう一便、遅くしてもらえるかな？」

「お客様、もちろん、私たちが変更することもできます。けれど、お客様がご自身で航空会社のカウンターにいらしてくださったほうが早いと思います。インターネットで満席になっていても、急な空きがあるかもしれません」

お客様は今羽田にいらっしゃるのですから、そのままご自分で航空会社のカウンターに行かれて変更されたほうが、私たちが間に立って航空会社と何度もやりとりをするより、ずっとスムーズに手配ができるはずです。

「ああ、そうか、そうだね」

結局、お客様はさらに一便遅らせて、ゆっくりあわてずにベルマンからパスポートを受け取って、今度こそ安心して出発されました。

お客様は焦って気が動転していると、普段なら気がつくようなことでも、そこまで思いつかないといったことがあります。そこを私たちが冷静になって気づいてさしあげる。

どうやったら解決できるのか、一番早くて確実な道を落ち着いて提案し、不安をなくしてさしあげるのです。

そのためには、お客様のおっしゃる通りにうけたまわることが、必ずしも最善とは限らないのです。

ポイント

お客様の心配や不安には共感をしながら、どうすれば解決できるのか、瞬時に本気で考えること。
お客様と一緒にあわてるのではなく、一歩引いた冷静な判断が求められます。

手荷物で持ち帰れない お買い物には、注意が必要

外国からのお客様のお買い物で注意しなければならないのは、大きかったり、重かったりと、手荷物では持って帰れない品物です。お客様がホテルに持ち帰って、「これを包んで送って」と言われても、私たちでは送ることができない場合もあります。

お客様はクーリエや郵便で送れると思っていらっしゃることが多いのですが、商品によっては危険物扱いで送ることができなかったり、関税の手続きがあったりと、意外に厄介なことがあります。

例えばアルコール度数が高いハードリカーは危険物扱いになり、送れません。１～２本なら手荷物で持って帰れますが、何十本にもなると無理でしょう。また、家電では電波の出るものや、充電池は送るのに手配が必要です。テレビや携帯電話も簡単には送れないのです。

保険のことも考えると、お店から直接、輸出してもらうほうが安心ですし、スムーズです。

お客様に店を紹介する段階で電話をかけて、「そちらのお店から直接、送れますか？」といった相談をしたほうがよいかもしれません。

第4章

お客様が食べたい“美味しいもの”とは？

――グルメ大国、日本の“食”をめぐるあれこれ

お客様の「美味しいもの」を、会話しながら探り当てる

「今日の夕食、どうしようかな。何かおすすめはある?」

これはお客様からよくいただく質問ですが、実はとても難しい質問のひとつです。コンシェルジュはホテルの従業員ですから、本音を言えば、できるだけホテルの売上に貢献したいと思っています。食事には、ホテル内の施設を利用していただけるのが理想です。

とはいえ、充実した食文化が世界に知られている日本です。お客様が「あれも食べたい」「これも食べたい」と希望されるのは当然のこと。お客様との会話次第ではホテルのレストランもおすすめしますが、お客様は興味がなさそう……と判断したら、さっと切り替えます。

お客様の気持ちを読んで「おすすめ」を考える

お客様の「おすすめは?」という質問に対して、〝美味しい〟と評判のレストランを紹介するのは簡単なことですが、一番大事なのは、〝そのお客様にとって〟美味しいところ、居心地が良くて楽しいところであることです。

たとえお客様が「あなたが好きなところを教えてほしい」と言われても、その言葉を真に受けて、自分の好みのレストランを紹介するようではプロとは言えません。「あなたが好きなところ」という言葉の意味は、「ボクが気に入るようなところ」なのです。

となると、こんなに漠然とした質問にお答えするには、そのお客様がどういう嗜好の持ち主なのか、もう少し情報が必要です。

それが顔なじみのお客様で、データベースに過去のレストラン予約の記録があれば、これまでどのようなところに行かれたのかがわかります。

「前回はここでしたね。では、今回はこちらのレストランはいかがですか?」

というように、前回のレストランと似たような雰囲気のところか、あるいはまったく違うところか、そのどちらがいいですかと提案することで、お望みのレストランを探しやすくなります。

では、そうしたデータがないお客様はどうしましょうか。

海外からのお客様の場合は、来日して何日目なのかによっても話は変わってきます。来日初日なら選択肢の幅は広いですが、何日か経っているなら、まだ召し上がっていない料理、行かれていないタイプの店をおすすめしたいからです。

「日本にいらしてから、もう何か召し上がりましたか？」

などとうかがいながら、お客様のお好みを探り、そのうえでカジュアルな雰囲気がよいのか、あるいは少しフォーマルなところがよいのか、ご予算はどのくらいかなどを話し合いながら絞り込んでいきます。

「Yes」「No」では答えられない質問で好みを探る

「今日はどんな夕食をお考えですか？」

「何か特別に召し上がりたいものはありませんか？」

「昨日はどちらにいらしたのですか？」

「昨日は何を召し上がったのですか？」

ただの無駄話にならないように、「Ｙｅｓ」「Ｎｏ」では答えられない質問をして、なるべくお客様にいろいろと話していただくと、それだけたくさんヒントがいただけます。

お客様の話を丁寧にうかがいながら、そのお気持ちを想像して本当の望みを紐解いていき、ご希望の場所に近づいていきます。いろいろな角度からお話ししていくと、漠然とした言葉の奥にある、本当の望みが見えてきます。

ポイント

「美味しいレストランを教えて」という質問の意味は、〝そのお客様にとって〟美味しいところです。世間の評判や自分の好みで判断しないようにしましょう。

外国人が想像する「日本食」は、日本人の常識とは異なることもある

「美味しいレストランを教えてほしい」とおっしゃるお客様には、具体的にどのような食事が希望かをうかがって、候補のレストランをいくつかあげます。

お客様はどのレストランに関心があるか、それは表情の変化を見ていればわかります。目が大きくなったり、微笑が浮かんだり、必ず「あ、そこ、いいかも」という気持ちが具体的な反応として現れます。いくつかプランを提案するときは、お客様のそうした反応を見逃さないように、表情に注目することです。

日本人のお客様は、たいていご自分で目指すレストランを予約されますが、外国のお客様は、ミシュランの情報で知った有名店や、ガイドブックで知ったWashoku（和食）、

Sushi（寿司）、Rahmen（ラーメン）、Yakiniku（焼肉）、Yakitori（焼き鳥）などといった言葉だけで、店を予約してほしいとおっしゃることがあります。「おいしいWashokuレストランを予約してほしい」「Yakinikuが食べたい」と、こんな感じです。

本当にそのレストランで間違いはないか

コンシェルジュのチームでは、レストラン名からでも、フレンチや中華といったジャンル別でも、エリア別でも紹介できる資料を用意していますから、店を選んでいただき、その場で予約することができます。

ただし、気をつけなければならないのは言葉では一致するように思えても、お客様のイメージしているものが、こちらで紹介する店や食べ物と同じとは限らないケースがあることです。外国のお客様は日本の食事について、いろいろな思い違いをしていることも多々あるのです。

思い違いをしたまま行けば、「これは違う」と落胆されるに違いありません。

そこで、お客様と会話しながら、この方はどれだけ日本食に慣れていらっしゃるのか、ご存じなのかを探っていくことも必要です。

「どこか、美味しいレストランに行きたいんだが……」

「どんなものを召し上がりたいですか？」

「そうだな、〇〇〇はどうだろう？」

「よろしいと思いますよ。〇〇〇は、よく召し上がりますか？」

「お国で〇〇〇を食べに行かれたら、どんなお料理を注文されますか？」

こうした会話から、お客様がイメージしている〝日本的な食事〟が楽しめるレストランを探っていくのです。日本と海外では事情も違いますし、お客様が自国で召し上がっている和食が、日本の和食そのままではないこともあります。

けれど、「これが食べたい」とおっしゃるお客様は、ご自分なりに調べられたりして期待をもって日本にいらしたのですから、思い違いをストレートに指摘しては失望させることにもなりますし、お客様のプライドを傷つけることにもなります。

そうならないように配慮しながら、思い違いは修正していただくように話をもっていかなければなりません。

せっかく日本においでくださったのですから、お客様に正しい日本の姿を知っていただきたい。そうした機会をつくることも、コンシェルジュの仕事の大切な一部だと思っています。

ポイント

外国のお客様は、和食について勘違いされていることもあります。お客様がイメージされている食事が、お客様のおっしゃるレストランで食べられるのか、上手な質問で確かめましょう。

外国のお客様には、アジアと日本の区別が難しい場合も

Washoku（和食）は、外国のお客様がよく使われる言葉になりました。

この「和食」のイメージは、実は「ジャパニーズレストラン」よりもっと曖昧で複雑です。懐石のような純和風の店から、天ぷら、しゃぶしゃぶの専門店、あるいはもっと身近な居酒屋までもが含まれるからです。

「さっき日本に着いたところで、カジュアルなWashokuが食べたいのだけれど」とおっしゃるお客様に、焼き鳥や割烹料理の店の写真をお見せしても、どうもいいお顔をなさらない。いろいろな店の写真をお見せしながら説明すると、和洋折衷のダイニングレストランのようなところを「ここ！」と指差されたケースもあります。日本人の感覚からすると、「和食」とは思えない店です。

「オーセンティックで、トラディショナルなジャパニーズレストランを予約してくれ。料金は高くてもいい。なるべく豪華なところを」

とおっしゃるお客様に、それならばと料亭や割烹の写真をお見せするけれど、どれも違うとおっしゃる。「こういうところ!」とパッと顔を輝かせたのは、何と居酒屋だった、ということもあります。

もちろん、日本人でも「和食」と言われて思い浮かべるイメージは、人によってさまざまだと思います。外国のお客様はもっと複雑で、何をイメージしていらっしゃるのか、その方によってかなりの幅があります。

なかには、漠然とした「アジア」のイメージで日本の食事を捉えている方もいらっしゃるのです。

スタッフの間で語り継がれる「赤い門のジャパニーズレストラン」

あるとき、お客様からこう尋ねられました。

「日本のお客さんを接待するのに、赤い門のある、赤い屋根の格式あるジャパニーズレストランへ招待したいんだが」

赤い門のある、日本レストラン? ……どうやら、中華料理店を日本料理店と勘違い

されているようです。ここでコンシェルジュの応対としては、

「それは、こんなレストランですか？」

と、お客様の勘違いはそのままにして中華料理店をご紹介することが、まずひとつ考えられます。

けれど、実際にその中華料理店へ行かれたあとで、「食べたかったのは、こんな料理じゃない！」とお客様が失望される可能性もあります。かといって、

「お客様がおっしゃっているのはチャイニーズレストランですね。ジャパニーズレストランに赤い門はありません」

などと頭ごなしに決めつけるのも、お客様のプライドを傷つけることになります。

お客様が求めていらっしゃるのは、「赤い門のある、赤い屋根の中華料理店」なのか、それとも「ジャパニーズレストラン」なのか。ここは、その方がいらっしゃりたい店を上手に聞き出さなくてはなりません。

「前に、いらしたことはあるのですか？」

「お客様は、ジャパニーズレストランに、どのようなイメージをお持ちですか？」

「今日はどなたとお食事ですか？」

「どういったお料理やお酒を、どのような雰囲気で召し上がりたいですか?」

このような質問をして、お客様が求めているものを探り出します。

このときは結局、お客様の希望は「赤い門のレストランに行く」ことではなく、「日本料理を和室で食べたい」のだとわかったので、会席料理を紹介しました。

そして最後に、

「お客様の思っていらっしゃる『赤い門のあるレストラン』は、おそらく中華料理店だと思います」

とご説明いたしました。

外国の方からすれば、日本料理店も、中国料理店も、韓国料理店も、見た目にはよくわからないこともあるのです。お客様が思い違いをされているときは、その場できちんとお伝えしないと、あとでお客様が恥をかくこともあります。

ただし、失礼にならないように上手に説明しなければなりません。特にお連れ様がいる場合、お客様は格好良いところを見せようとしていらっしゃるのですから、その顔をつぶさないよう、十分に気を配ります。

お客様の要望はよく聞き、おっしゃることに違和感があったら必ず確かめること。そして、お客様の思い違いは、失礼にならないように訂正してさしあげる。これが求められる対応です。

こういった外国の方の勘違いは、私たちにとっては勉強になる貴重な事例です。実際、この「赤い門のレストラン」の話は、今でも役立つエピソードのひとつとして、先輩コンシェルジュから後輩に語り伝えられています。

ポイント

外国人のお客様は、
アジアの国々が漠然と
ひとつのイメージになっている場合があります。
お客様のおっしゃることに違和感を覚えたら、
必ず確かめます。

「ジャパニーズヌードル」は、蕎麦やうどんとは限らない

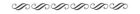

お昼頃、コンシェルジュのカウンターにいらっしゃって、

「クイックに食べられるランチ、どこかない?」

こんなふうにお尋ねになる外国のお客様がよくいらっしゃいます。

「たとえば、どのようなものが召し上がりたいですか?」

「そうだな、ジャパニーズがいいな」

「ジャパニーズでクイックでしたら、スシですか? それともジャパニーズヌードルはいかがでしょう?」

「ヌードルがいいや」

ここで日本人のコンシェルジュとしては、どこの蕎麦屋をおすすめしようか、それと

も最近人気のうどん屋のほうがお好みだろうかと考えて、こうお尋ねします。

「ソバがいいですか？　ウドンがいいですか？」

「どう違うの？」

「ソバはBuckwheat《バックウィート》（そば粉）でできていて、細くて茶色い麺です。うどんはFlour《フラワー》（小麦）で白い麺です。見たことはありますか？」

「うどんは知ってる。だけど、もっとほかにヌードルがあるよね」

「……ラーメンですか？」

「そう、それ！　ラーメンが食べたい!!」

日本のラーメンは世界で人気！

Rahmen（ラーメン）は、いまやお寿司に次ぐ人気食。「ジャパニーズヌードル」と言われると、日本人なら蕎麦かうどんをイメージしますが、外国のお客様は「ラーメン」を指して言うことがとても多くなりました。

「日本に行ったら、ぜひラーメンを」と楽しみに来日されるお客様は非常に多いのですが、このラーメンも、本当のところは理解されていないことが多々あります。

「ラーメンを食べたいので、店に予約を頼む」。こんなリクエストも、笑い話ではありません。

外国のお客様は、日本のラーメンがこんなにもバリエーション豊かであることも、まずご存じありません。そこで、「ラーメンを食べたい」とおっしゃるお客様には、いろいろな味やタイプがあることをお伝えします。

「ラーメンですか? 何か特別にお好きな味や、行きたい店はありますか?」

「え? そんなにいろいろあるの?」

「たとえば、スープは醤油や味噌、塩味があります。そして、豚からスープを取ったこってりしたものや、魚介スープのさっぱりしたものがあります。最近では、スープと一緒に食べるもの以外にも、スープにつけて食べる、『つけ麺』というスタイルもあります」

このようにお話しすると、みなさん、
「なんて種類が多いんだろう！　知らなかった！」
と驚かれます。

日本のラーメンについてあまりご存じない方なら、いろいろ説明してもかえって混乱しますので、だいたいの好みの味をうかがって、ふさわしいところをおすすめします。

そして、自動販売機でのチケットの買い方、注文の仕方も説明します。

はじめてのラーメン体験ですから、多少のわからないことはあるかもしれません。でも、それも楽しめるように、最低限のことはしっかり説明して送り出すのです。

このラーメンの思い出が、楽しいお土産話になりますようにと願いながら。

ポイント

外国人が「ジャパニーズヌードル」と言ったときに、蕎麦やうどんのことなのかあるいはラーメンなのかは、だいたい半々です。ラーメンを食べに行く方には、食券の買い方や注文の仕方も説明を。

お寿司屋さんの予約の前に確かめておきたいこと

いまやSushiは世界各国で人気です。欧米の都市では、Sushiレストランはもちろん、スーパーでもSushiを見かけます。外国のお客様は、「日本に行ったら、本場の寿司を食べる!」と決めていらっしゃる方がとても多いのです。

ところが、外国の方がイメージするSushiは、日本人の思うお寿司とはかけ離れていることもあります。ですから、お寿司屋さんの予約を頼まれたときは、店の情報というより、まずこんな会話から始めます。

「寿司はよく食べますか?」

「よく知ってる。せっかく日本に来たからには本物が食べたいんだ。ミシュランで星を取っているような、本格的な店を予約してくれる?」

「どんなお寿司がお好きですか？」

「カリフォルニアロール」

「お客様、本格的な寿司店にカリフォルニアロールはありません。お刺身と、生の魚のSushiばかりですが、よろしいですか？」

「えっ？　本当？　どうして？」

実際、こういうお客様は少なくありません。「好きなのはアボカドとサーモンを巻いたカリフォルニアロール」で、「握りで食べられるのはトロやサーモンだけ」というお客様はたくさんいらっしゃいます。お寿司は生の魚がメインなのだということさえ、ご存じない方も多いのです。

「僕のフィアンセはベジタリアンだから、サラダがないと困るんだ」とおっしゃった方もいました。

もちろん、とても詳しくご存じの方も増えていますから、どういうSushiを考えていらっしゃるのか、正しい判断のうえで店を選びます。

お客様が「満足」される寿司店を探り当てる

日本の寿司店には、格式が高くてお値段も超一流の高級店から、気軽で手軽な店まで、さまざまなタイプがあります。外国人を歓迎していて、カリフォルニアロールなど、外国人好みの寿司や料理のメニューを用意している店もあります。

お客様が希望する有名店に行っても、そこで自分の好きなものが食べられなければ、それは楽しい体験にはなりませんし、店にとっても失礼ということになります。

日本のお寿司をよくご存じのお客様は別として、そうではないと思われるお客様には、こうした〝日本のお寿司事情〟を説明しながら、店の写真などをお見せして、どこがよいか決めていただきます。

お客様のおっしゃった言葉通りに予約を入れることが、必ずしもご満足につながるとは限りません。お客様の「満足」を楽しくお話をしながら探り当てていくのです。

ポイント

寿司店を希望される外国のお客様には、
「どのようなお寿司が好きですか」
などとうかがって、
どれだけお寿司を食べ慣れていらっしゃるかを
探りましょう。

「Teriyaki」が食べたい、「Hibachiスタイル」のレストランに行きたい……

最近、外国人のお客様からよく聞くようになった言葉に、「Teriyaki」があります。

「照り焼き」とは日本人にとっては調理方法のことですが、海外からのお客様は、「鶏の照り焼き」を指していることがほとんどです。

「Teriyakiが食べたい」

こう言われて、魚だろうか肉だろうかと思い、

「何のでしょうか？」

と聞くと、

「だから、Teriyakiだよ」

と、日本人なのにTeriyakiを知らないのか、という顔をされたりします。

とりあえず和食レストランに電話をかけて、

「お宅には、照り焼きはありますか？」

と聞くと、お店の方も驚いて、

「え？　何のですか？」

と聞き返されます。それで、ああ、やはり「照り焼き」は調理法であって、お料理の名前ではないわね、と自分の常識が正しいことを再確認して妙にホッとしたりします。

Yakitoriという言葉は多くの人が知っているので、Teriyakiはそれとは区別して使われています。つまり、串には刺さっておらず、照り焼き味の鶏肉です。

なぜTeriyakiという言葉が、「鶏の照り焼き」を限定して指すのか、その理由はよくわかりませんが、おそらく海外の日本食レストランのメニューで使われている書き方なのでしょう。背景は不明ですが、最近、Teriyakiが人気であることは間違いありません。

「Hibachiスタイル」とは？

照り焼きと同様、外国人の方が時々使われるけれど、その意味が日本人の使い方とは異なる言葉に、「Hibachi（火鉢）」があります。

「今日はHibachiスタイルのレストランに行きたい」

こう言われると、火鉢のあるお座敷のようなところを想像しますが、そうではありません。海外の方が言う「Hibachi」とは、炭火焼きのこと。カウンター式の店で、板前さんが目の前で、炭火で炙って調理してくれるスタイルのレストランです。

おそらく、海外の日本食レストランがそういった宣伝をしているのでしょう。

一時期は、鉄板焼きのことを、「Benihana」と呼ぶお客様がよくいらっしゃいました。これは、海外で有名だった「紅花」という和食レストランからきています。醤油を「キッコーマン」と言ったのと同じですね。

ポイント

海外の方が使われる
日本語には流行もあります。
その日本語がはたして何を指しているのか。
疑問を感じたら、納得できるまで
お客様に確認する勇気も大事です。

和食には目に見えない材料もあるので、アレルギーには十分な注意が必要

レストランを予約する際に必ず確認しなければならないものは、お客様が食べられない食材です。

「何か召し上がれない食材はありますか?」

とうかがって、もしあればレストランに伝えます。和食レストランや懐石、天ぷら、寿司などはお任せのコース料理だけを用意している店も多いので、お客様の苦手な食材を伝え、それを除いてコースを組み立てていただきます。

食材の好き嫌いだけではなく、アレルギーが理由で食べられない方や、宗教上、食べられないものがある方もいらっしゃいます。

特に注意したいのは、お客様のアレルギーです。和食には、海外からのお客様には想

言葉が通じない方には日本語のメモを用意

日本語のメモはさまざまな場面で役に立ちます。例えば、新幹線の切符をご自身で購入されるお客様には「この方は○○まで行かれますから、次に出発するのぞみの切符を○枚、お願いします」と書いたメモをつくって、「駅で係りの者にこれを見せてください」と伝えてお渡しします。

また、コンシェルジュがお店の方と電話で話して用件は通じているけれど、ご本人が店に商品を取りに行かれるような場合にも、「この方に商品をお渡しください。そちらの○○さんとお話をさせていただきました。何かご不明な点がございましたら、グランド ハイアット 東京のコンシェルジュ、阿部までご連絡をください」といったメモをお渡しします。こうしたサービスは、「私たちは何かあればお手伝いします」という意思をお客様に伝えるためでもあります。

像できないところで、さまざまな材料が使われています。形として目には見えないけれど、出汁の中に魚介が使われていたり、味噌や醤油に豆が使われていたりするので、洋食以上に注意が必要です。

食べられない食材をメモにつくってお渡しする

コース料理の場合、たいていは店からも、「お客様の苦手な食材はございますか？」と確認されますが、万が一ということもありますから、お客様にレストランの予約を頼まれたときは、コンシェルジュがアレルギーについて必ず確認するようにしています。

心配なのは、食材にアレルギーがあっても、コンシェルジュを通してレストランを予約するのではなく、ご自分であれこれ歩いて探索し、試してみたいという行動的な方です。

「大丈夫だよ、何とかなるよ」などと鷹揚に構えていらっしゃるのですが、こういう方に気づいたら、お客様のアレルギーがある食材をメモにしてお渡ししています。

「あなたの食べられるもの、食べられないものをカードにしますから、メニューを選ぶときに店の人に見せてください。日本料理では、目に見えない食材もたくさん使われていますから」と説明して。

ポイント

お客様のアレルギーに気づいたら、「食べられない食材」をメモにして渡してさしあげましょう。このメモがあれば、お客様はどこでも安心して食事ができます。

レストランを予約するときはキャンセル料について伝える

コンシェルジュは、お客様からの依頼で店や切符などの予約をする機会が多々あります。気をつけなければならないのは、お客様のキャンセルです。

特にレストランの場合、予約を頼まれたらキャンセル料の決まりについて、お客様にきちんと説明して、納得していただいたうえで予約するのが鉄則です。あらかじめしっかりお伝えしておかないと、あとでお客様も店も嫌な思いをなさる場合があります。

和食の小さなレストランは、予約に応じてその人数分の材料を用意し、一人ひとりのお客様のために準備を整えて、お待ちしています。一日に数組しかお客様を迎えないこだわりの店もありますので、直前になってキャンセルした場合には、100パーセントのキャンセル料を求められても無理ないことなのです。

このキャンセル料は日本独自のシステムでもありませんから、外国の方でもちゃんとお話しすれば、ご理解いただける性質のものです。

「お客様、このレストランは予約をキャンセルすると、三日前からキャンセル料がかかりますが、予約を確定してもよろしいでしょうか？」

予約の際にはこのように確認することです。このとき、金額については相手の方が想像しやすいように、その方の国のお金に換算してお話しし、クレジットカードから引き落とされるなど、キャンセル料をお支払いいただく具体的な段取りもお伝えします。

また口頭でお伝えするだけでなく、「○月○日、△△レストランを○名様で、○時から予約しました」とメールをお送りするか、お部屋にメッセージを入れて、記録に残しておくようにします。あとで言った言わないのトラブルにならないよう、「キャンセルチャージは○日前から発生します」「ドレスコードは××です」といった情報も必ず書き添えます。

連絡がつくように携帯電話の番号もいただいておく

お客様には、何かあったときに備えて、

「この店は○日前までに予約の再確認が必要です。何かあったときのために、店に直接の連絡先を伝える必要がありますので、ご連絡できる電話番号を教えていただけません か?」

とお話しして、携帯電話の番号などを頂戴しておきます。お客様がうっかり予約をそのままにしてしまい、キャンセルチャージが発生してしまった……といったことがないように、コンシェルジュとしてもできるだけの注意を払います。

どうしてもキャンセルになってしまった場合には、お客様からお預かりしたキャンセル料を持って、できるだけその日のうちにお詫びにうかがいます。こうした誠意ある対処が、店との信頼関係を築いていくことにもなります。

ポイント

レストランは、必ずキャンセルの際の決まりを伝えたうえで予約しましょう。
お客様の携帯電話の番号も頂戴し、突然のキャンセルにならないように十分気を配ります。

お客様が遅刻されないように、何度でも念を入れてご連絡

その日の料理のコースを組み立てて、お客様の到着する頃を見計らって、ちょうどよく料理をお出ししようと準備しているレストランもあります。すべての予約を同じ時刻に揃えてあって、すべてのお客様に同じタイミングで料理を出す店もあります。

当然、時間に厳しいところもありますから、そうしたレストランに予約を入れた際には、

「このレストランは、予約の時間に遅れずに必ず行ってくださいね。ご到着の時間に合わせてお料理を用意して、お客様をお待ちしていますからね」

とお伝えします。

ところが、事前にそのように申し上げていても、文化の違いからあまり深刻に捉えて

おらず、遅れて入店される方もいます。レストランは、その場では歓迎してくださっても、本当はよく思っていらっしゃらないこともあります。

次回、別のお客様の予約をしようと電話を入れた際に、「先日のお客様は、20分遅れて見えて困りました。そんなことがないようにお願いします」と言われたりします。

困ってしまうのは、同じお客様から「この間のレストランはとても美味しかったし、居心地も良かった。あそこをまた予約してほしい」と依頼されたときです。お客様は「あそこは遅れて行っても大丈夫」と思っていらっしゃるかもしれませんから、到着の時間について、より丁寧に説明をします。

そして、さらにお客様が遅刻をされないように、先回りできる方法を考えるのです。

お客様に予約時間を思い出していただく

例えば、お客様の携帯電話の番号をいただいておき、予約時間前に電話をかけたり、部屋にいらっしゃるようならお電話をして、「そろそろご予約のお時間ですが、タクシーを準備しましょうか?」などと申し上げたりします。

私たちにできることを可能な限り考えて、予約の時間に間に合うように送り出すのです。時間ちょうどに到着されれば、そのほうがきっと店にも喜んでいただけて、お客様はより楽しい時間を過ごせるはずです。

また、レストランとの信頼関係もありますし、次のお客様への影響も考え、「今、自分たちにできることは何でもやっておく」のです。

どうやったら、お客様は間に合うようにお出かけくださるだろうか。そのために私たちにできることは何だろう？　こうした工夫をすることも、コンシェルジュの仕事の一部なのです。

ポイント

到着時間に厳しいレストランに予約を入れたら、お客様にもそのことを伝えます。
当日は出発される時間を見計らって、コンシェルジュからお客様に電話をかけるなど、心配りをしましょう。

信頼関係で結ばれるレストランとは……

レストランの方が営業に見えることがあります。挨拶もそこそこに、「お客さんをウチのレストランにご紹介いただけたら、インセンティブをお支払いしますよ」、などと切り出されると興ざめします。ありがたいお話ですが、いきなりこんなことを言ってくるお店は、自分とは価値観が合わないなと思います。

もちろん、少しでも収入が増えればありがたいことです。けれど、日本のホスピタリティはコミッションやチップで動いているわけではなく、それがほかの国にはない良さだとも思っています。外部のパートナーには、まず第一に、お客様を歓待してほしいのです。

その反対に、特別のやり取りはないのに、そのレストランから帰ってこられたお客様がわざわざコンシェルジュカウンターに立ち寄って、「予約をしてくれてありがとう。とても楽しかった！」と報告してくださることがあります。それが頻繁なレストランは、おそらくホテルからのお客様には、何か特別な気配りをしてくださっているのでしょう。

それでも、コンシェルジュが予約の電話をしても、レストランの方は何もおっしゃいません。私たちも言葉にはしませんが、「ここのレストランなら、お客様をきっと満足させてくれる」という信頼感・安心感があります。こうした外部の方との信頼関係は、コンシェルジュにはかけがえのない貴重な財産なのです。

第5章

“最高のホスピタリティ”は内外との連携から

——軽快なサービスを提供するチームづくり

どんなときも常に一定のサービスを提供すること

コンシェルジュには、さまざまな相談が寄せられます。できることは何でもしてさしあげたい。そうは思っても、ときには判断が難しい場面にも遭遇します。

例えば、お客様から「ちょっと、買い物に行ってきてほしいんだけど……」と頼まれた場合、どう対応するのがよいのでしょうか。

買い物に行くにはコンシェルジュのカウンターを離れなければなりません。スタッフに余裕があるなら行くのは簡単なことで、それで喜んでいただけるなら……と、お受けしたい気持ちのほうが強いのですが、ここで考えなければならないのは、「今日はできても、明日は無理かもしれない」ということ。

「今日はできるけれど、明日はわからない」とすると、もし明日、また同じ依頼があっ

よく聞かれる質問はご案内方法を決めておく

ホテルから東京駅や銀座、浅草など、主だった場所への行き方を説明するとき、コンシェルジュチームでは、基本はみな同じルートで案内するようにしています。ある目的地へ行くのに、東京都内はＪＲや地下鉄などいろいろなルートがありますが、なかには乗り換えが複雑な駅もあります。東京の鉄道に不慣れな方は広い駅の構内で迷われることも考えられますから、シンプルで間違いにくい基本ルートを決めています。

道案内や交通手段だけでなく、例えばその日のイベント、その季節の観光地、さまざまな場所での日本ならではのルールなども、コンシェルジュのチーム内で納得がいくまで話し合い、お客様にわかりやすい説明の仕方を決めて、みんなで同じ資料を使って説明を統一しています。

た場合に、お断りしなければならないかもしれないのです。

となると、今日、お客様の買い物を引き受けることは、明日、「昨日はやってもらえたのに……」と、お客様が感じる必要のない、不快な気持ちを抱く原因をつくることになるかもしれません。

コンシェルジュのサービスは自分だけではなく、チーム全体で提供するものです。コンシェルジュによって返事が違ったり、そのときの状況で答えが変わったりするのでは、お客様は不信感を抱かれます。

買い物の場合は、お客様の滞在日数に余裕があるなら店側から送ってもらうとか、こちらが行くにしてもタクシーを使うことを了解していただくとか、考えられるいくつかの手だてを考え、次回も同じようにサービスできる方法を選びます。

お客様から何かご要望があったときは、そのお客様はどのような状況なのか、自分たちの行動がお客様に何をもたらすのか、その結果、お客様はどういう気持ちになられるか、そして、この先のお客様との関係はどうなるのか……など、ご要望を行うことの意味までを考えて、何をしてさしあげるのが最善なのかを判断することが求められます。

カウンターにどのコンシェルジュが立っていようとも、まるで一人の同じ人間が立っているかのように、いつでも引き継ぎが行き届き、均質のサービスを提供できるのが理想なのです。

ポイント

コンシェルジュはシフト制で
代わる代わるカウンターに立ちますが、
チームとして、
いつでも均質なサービスを
提供しなければなりません。

仕事中は、隣で接客中の会話にも神経を傾ける

グランド ハイアット 東京のカウンターには、通常、複数名のコンシェルジュがいますが、一人のお客様には、基本的に一人のコンシェルジュが対応します。一度に何人ものコンシェルジュがそれぞれの意見を言ったりして、お客様が混乱されてはいけないからです。

けれど、その一方で、たとえ自分は別のお客様の対応をしているときでも、隣にいるコンシェルジュが接客中であれば、常にその会話にも注意を向けるように気を配ります。

接客中のコンシェルジュは、隣のコンシェルジュの手が空いていたら、何か調べ物を頼みたいと思うことがあります。けれど、目の前にお客様がいらっしゃいますから、そうそう言葉にはできません。

こういうとき、表情や手の動きでサインを出したりしますが、勘の良い人だと、何もサインを出さなくてもこちらの考えを先読みして、サッと資料を差し出してくれたり、電話をかけてくれたりします。

スタッフ同士、互いに気持ちが通じ合い、仕事の間合いが読めるようになると、サインが出る前にアクションをとれるようになるので、仕事はさらにスムーズになります。

自分が接客中でなくても気を抜かない

コンシェルジュが二人並んで立っているところにお客様がやってきて、一人のコンシェルジュに、「人気のレストランに行きたいのだけれど……」と話しかけてきたとします。

そのコンシェルジュは、どのようなレストランがお好みか、具体的に考えているレストランの候補はあるのか、また何人で行かれるのかを尋ねています。

すると、その隣にいたコンシェルジュは、まるで隣の会話など聞いていないようなそぶりでありながら、そっと電話をし、「△△レストランなら、○日と○日なら席がとれます」というメモをスッと差し出す。

お客様の応対をしていたコンシェルジュは、そのメモを受け取ると、「△△レストランなら、○日と○日でしたら、お席が取れるようです」とお答えする。

お客様は「どうしてわかるのだろう？」という顔をされる。
コンシェルジュとしてロビーにいる間は、自分の目の前にお客様がいてもいなくても、「ここで自分にできることは？」と常に気を張って、周囲に目を配ることです。ただ「お客様を待っている時間」はありません。

ポイント

ロビーにいる間は、
自分の前のお客様だけではなく、
あらゆる方面に神経を向けていましょう。
「今自分にできることは何か？」と意識して、
アンテナを張っておくようにします。

チーム内でのしっかりした引き継ぎが、お客様にとって快適なサービスとなる

お客様がコンシェルジュデスクにやってきて、こう尋ねられます。

「昨日頼んだ、あの件だけど……」

「はい、仙台までの新幹線のチケットですね」

すぐに用件が伝わると、お客様はほっとした表情をされます。これはスタッフ間でのきちんとした引き継ぎがあって、はじめてできることです。

お客様が「昨日と今日で違うコンシェルジュに見えるけれど、もしかして同じ人だったのかな？」と思ってくださったら、チームプレーは大成功！　です。

仮に伝言が伝わっておらず、お客様に何度も同じことを尋ねたり、人によって違うことを答えたりしては、お客様は「ここのコンシェルジュは言うことがバラバラだ」とい

個性を伸ばしてこそ強いチーム力が生まれる

多様なお客様に対応するには、コンシェルジュチームにもさまざまなキャラクターがいたほうがよいと思います。「お客様に満足していただく」というゴールはひとつでも、そこへ至るにはさまざまなルートがあります。どの道をどう登っていくのか。それがその人の個性です。

表現力、発想力、情報網などそれぞれに得意な技があって、出身地、趣味など詳しいジャンルが違い、直感的、慎重などキャラクターも違う。

仲が良いのは基本ですが、「チーム仲良く、力を合わせましょう」などといった子供っぽいことではなく、違う個性が刺激し合うようなプロとしての結束です。それぞれの個性を活かしながらチームが一丸となってゴールを目指すのです。

う印象を持たれ、信用していただけません。

チーム全員でゴールを目指す

カウンターに立っているのがどのコンシェルジュでも話がすぐに伝わる、これはお客様にとってはとても心地良いものです。こうしたレスポンスの早い、活気あるサービスを実現するには、チームの連携が基盤となります。

団体スポーツのように、リズミカルにボールをつなぎながら前進し、ゴールを目指すイメージです。チームワークがよいと、二人の力は二人以上の力になります。三人力、四人力になって、難易度の高い依頼でも成し遂げられることもあるのです。こうしたときは達成感も、2倍、3倍です。

この円滑な連携プレーのために、チーム内ではわかりやすい引き継ぎの方法を決めておきます。

それ以前に、チームとしての仕事の取り組み方や考え方を、スタッフ全員で共有しておくことも大事です。自分がシフトの間だけ責任を果たし、次の人に引き継げばそれで「終わり」ではなく、みんなで同じゴールをイメージして、ボールを最後まで見届けようとする姿勢があってのチームプレーです。

ポイント

コンシェルジュはチームでサービスを提供します。漏れのない引き継ぎはもちろん、チームとしてどのようなサービスを目指すのか、そのゴールをイメージして、スタッフ全員で共有しておきます。

引き継ぎは要点を押さえてわかりやすく。「なぜ」も伝えると、あとで役立つことが多い

勤務を終えるとき、次の人へ仕事をつなぐ「引き継ぎ」は、とても重要で繊細なものです。引き継ぎにミスがあると、余計な仕事を増やしたり、お客様にわずらわしい思いをさせる原因になったりもします。

新しいイベントの情報や、館内施設のサービス変更といった一般的な情報は、そのつどメールなどで共有されますが、チーム内で同じ理解ができているか、確認も必要です。

毎日の業務で生じる、個々のお客様の要望に関する細かな引き継ぎは、人から人へ、口頭と書面で確認しながら伝えられます。そのとき、「結果としての事実」だけではなく、その結論に至った「経緯」や「理由」、「根拠」なども簡単に伝えておくと、引き継いだ人は判断しやすいことがあります。

必ず「理由」と「根拠」も伝える

引き継ぎの際にありがちなのは、言葉が少しだけ足りないこと。お客様の要望がかなえられず、代案を提供したところ、「そこは行ったことがあるから、違うところを探してくれと、昨日も言ったのに」。こんな話になることがあります。

こうした行き違いを避けるには、結論だけでなく、その経緯や理由、根拠も引き継ぎのときに伝えることです。この「なぜの引き継ぎ」をしておくと、一度完了した件でも、後日、何か追加のお手伝いが必要になったときに、それらの情報が役に立つこともあります。

例えば、「○○夫妻はA旅館に決められました」という事実があったとします。このとき、「どういう理由でA、B、Cと3軒の旅館を候補としておすすめし、○○夫妻はどういった理由でA旅館を選ばれたのか」、そこまでを記録に残しておくのです。

仮に○○夫妻がA旅館にした理由は「お部屋から清流が見えるから」だったとすれば、次回、「同じような感じの宿を」とリクエストされたとき、何を優先して選べばよいかがわかりやすくなります。

引き継ぎは、アクションの指示と理由、経過を書く

引き継ぎを読むスタッフは、「次に何をしなければならないか」を知りたいのです。相手が何を知りたいか、何がわかると仕事をしやすいか。読む人の気持ちになって伝え方を考えます。「○○様のために、明日の朝、XXへ電話をして手配ができているかを聞いてください」というアクションの指示が最初にあり、それから、「○○様は自国からエージェント経由でこの予約を入れたそうですが、確認書が来ていないので心配していらっしゃいます」、という経過の説明があると、読んだ人がわかりやすいだろうな……などと全体の構成を考えてから書くようにします。

何かで頭がいっぱいだと、いきなり途中の状況から書き始めてしまうことがあります。内容がきちんと伝わるか、書いたら必ず読み返しましょう。

伝え方にも工夫をする

また、その結論までの経緯を、ポイントを押さえて説明することも大事です。ダラダラと長い話にならないように要点を整理して伝えましょう。

客室数の多いホテルでは、それだけ引き継ぎの数も多くなります。限られた時間内でスムーズに引き継ぐには、必要な事柄がわかりやすく伝わるよう、頭の中で一度整理してから伝えるようにしましょう。

その場合、お客様は困っていた、怒っていた、あわてて

いたなどといった、お客様の感情の変化も重要な情報になります。

引き継ぎの際、自分がやり残したことで急ぎの用件があるのなら、「朝一番に、このキャンセルをお願いしてください」など、アクションを優先して報告します。そして、急ぐ理由、例えば「明日になるとキャンセル料が発生する」といった、早くしなくてはいけない理由を伝えます。

コンシェルジュは、チーム全体でひとつのゴールを目指して走っていますから、次に走る人がゴールまでのコースを間違えないように、必要な情報を伝達しなければなりません。そこには、お客様に対するのと同様、伝わりやすく工夫する思いやりが必要なのです。

ポイント

お客様の行動は結果だけでなく、その経緯と理由も伝えましょう。引き継いだ人がお客様にわずらわしい思いをさせることなく、スムーズなお手伝いをするためのヒントになります。

仲間同士が気軽に注意し合える関係をつくりましょう

明るいサービスは、明るいチームから生まれるものだと思います。人間関係が円滑でないチームは情報伝達が滞りますし、互いのフォローもアドバイスもないため、ミスやトラブルが頻発するようになります。

お互いに何でも言い合えるような、たとえ誰かがミスをした場合でも、それを気軽に指摘し合えるような、風通しが良く遠慮のない職場が理想です。

「さっきの日本語、敬語がちょっと変でしたよ」

「引き継ぎ帳の日付が抜けてましたよ」

など、気づいたことを何でも気軽に言い合えるほうがよいのです。誰でもちょっとしたミスはあるもの。それをカバーし合うのがチームですが、ただ黙ってフォローしておくのではなく、その場で気軽に言い合える関係ができていれば、互いの力を伸ばし合えるチームになれます。

私は仲間に、気づいたことは気軽に注意し合おう、そして、注意されたら感謝しようと話しています。それが当たり前になれば、そこで暗くなったり、気まずくなったりしません。

実際、私もカウンターに立ち、隣のスタッフが妙な敬語を使った場合などは、「今のちょっとおかしくない？　自分でもう一度、言ってみて」などと笑いながら伝えます。上下というより、仲間同士で気軽に指摘し合えるような雰囲気づくりに努めています。

チームのメンバーにも思いやりと、やさしさをもって接する

接客というのは、その場一瞬の舞台。時間を逆に戻すことはできないので、その瞬間にサービスは完結していきます。ですから、やってしまったことをあれこれ言っても始まりません。

お客様へのフォローは必要ですが、それをした本人が「失敗」を反省し、「もう二度としない」と思っているのなら、それで十分。そこに追い打ちをかけて、「さっきのあれ、間違ってたよ」と指摘する必要はないと考えています。

ただ、本人が気づいていない、または「周りは気づいていない」と思っているような場合には指摘します。

そうした場合でも、「今これを注意したら、この人はどういう気分になるだろう」ということを考えてから、言うようにしています。今日一日、この人の接客はどうなるだろう。それでがっかりして嫌な接客になったりはしないか。

人の気持ちを読むのがコンシェルジュです。その能力は、一緒に働く仲間に向けても発揮されなくては不十分です。

ポイント

お客様にやさしさや笑顔を向けるのと同じように、仕事の仲間にも接しましょう。特にコンシェルジュは互いの気持ちに敏感ですから、励まし合い、支え合う場面も多いと思います。各人の長所を伸ばし合って、強いチームをつくりたいものです。

周囲の力は遠慮なく借りていい

コンシェルジュはいったんカウンターに立つと、一人ひとりが独立して仕事をしているように見えます。けれど、そう見せながら実はチーム全員で仕事をしているのです。何でも話し合える快活で確かな信頼関係が基盤にあるチームは、どんな依頼に対しても大きな力を発揮します。お客様の質問ですぐにわからないことは、隣にいるスタッフに聞いたり、そのスタッフが接客中ならバックオフィスの仲間に尋ねたほうが、ネットや資料を調べるよりも早く、確かなことがよくあるのです。全員がプロフェッショナルなので、情報誌やガイドブックより生きた情報が頭に入っているからです。

「お客様が、原宿に新しくできた雑貨や文房具のお店に行きたい、とおっしゃっているのですが、誰か知っている人！」

「成田空港付近で、成田山以外の観光地は？」

「フルーツを練り込んだパスタを出している店って、聞いたことある？」

「4名様で今からランチにお寿司とおっしゃってるんですけど……」

こんな感じの会話はよくあります。すると、思わぬところから、「それ、○○じゃないかな。この間、見た気がする」「ついさっき、○○寿司が空いていたよ」、なんていう声が上がったりするのです。

ネットであれこれ調べるより、ずっと早く正解にたどり着けます。急いでいるとき、困っているときほど、周囲の力を借りたほうがよいのです。実際に知っている人に聞くと、ネットや雑誌より新鮮な情報が得られるのもメリットです。

ポイント

知らないことは、
まずは周囲の仲間に聞くのが一番の早道です。
人を頼ると言うと
甘えているように聞こえますが、
生きた情報ほど役に立つものはありません。

ホテルだけではない、ネットワークを通じてのおもてなしへ

そのホテルの居心地というものは、お客様が一歩、ホテルの敷地内へ足を踏み入れた瞬間から感じるものだと思います。まずホテルへの第一印象があり、そこでさまざまなスタッフとの接触があり、お帰りになるまで小さなサービスが積み重ねられていく。その結果として、ホテルへの評価が決まるのでしょう。

どんなに素晴らしいスタッフのサービスがあっても、たったひとつでもお望みにかなわない出来事があれば、評価されないのが接客業の厳しいところです。入った瞬間から出ていらっしゃるまですべてが良くて、それではじめて、お客様には今回の滞在が良い思い出になるのです。

グランド ハイアット 東京の宿泊部門では、どんな部署のスタッフでも、他部署のミ

ーティングやトレーニングに自由に参加できるようになっています。それぞれのセクションの新しい取り組みや改善点などを、現場で知ることができます。

ホテルにいらっしゃるお客様はスタッフ全員でもてなすゲストですから、自分の持ち場だけでなく、各部署の考え方や仕事の内容を理解しておくのは、あらゆる場面で役に立ちます。コンシェルジュのトレーニングも公開されていますので、興味がある人はのぞきに来ます。他部署の人にもどんどん来てもらって、コンシェルジュチームの目標も共有してもらいたいと考えています。

外部の方とのネットワークも大切

ほかのホテルとのつながりも、サービスのうえでは必要です。コンシェルジュは他のホテルのコンシェルジュと顔を合わせる機会も多く、横のつながりが強いのです。互いにネットワークの大切さを知っているからこそ、そうした付き合いにも積極的です。

以前はほかのホテルに勤めるコンシェルジュから、「明日、そちらにお泊りになる○○様は、明日が奥様の誕生日ですよ」とか、「嫌いな食べ物は○○ですよ」といった情報をもらえることがあり、先手のサービスを考えることができました。大切なお客様を信頼できる仲間が迎えてくれると思うと、コンシェルジュ同士も安心できます。

個人情報保護法ができて以降、こうした情報のやり取りは難しくなりましたが、それでも、何か困ったときに、同じ立場で状況を理解でき、的確な情報やアドバイスをくれる同業の友人がいるのは心強いものです。

何かの事情でお客様が予約したレストランへ行かれなかった場合、コンシェルジュはキャンセル料を持って、お詫びにうかがいます。これは、いつも電話だけのお付き合いの、高級料亭の女将さんや有名シェフと直接お話しできる機会にもなります。

実際に会ってお話しすると、距離が縮まり、次からの付き合いもしやすくなります。訪問の意図はお詫びですが、同時にお店の考えをうかがい、私たちのサービスに対する考え方をお伝えする良い機会ともなります。

そんなふうにしてお付き合いが始まったある料亭の店主から、「今、お客様が帰られましたが、迎えに来たハイヤーがあまり良い感じではなかったので、お知らせしておきます」という電話をいただいたことがあります。

その店主の方は、お客様のことを私たち同様に大切に思い、心配してくださってのことです。〝お客様を大切にする〟という想いでつながるネットワークが、またひとつ広がったと実感した瞬間でした。

こうした電話をいただければ、お帰りになったお客様を出迎えるときの心構えや、かける言葉も違います。次回からのハイヤーの手配の参考にもなります。

お客様に心から「良かった」と言っていただけるサービスというものは、いろいろな人とつながりながら、ゴールに向かって進んでいくものだと思います。

コンシェルジュとしてお客様を歓迎する気持ちをチームで共有すること。そのチームの想いをホテル全体に。そしてホテルの想いを、お客様とかかわる外部の方にも共有していただくこと。こうして、おもてなしにかかわる全員の想いが最後の最後までお客様に届けられて、満足していただけたとき、サービスは完結するのだと思います。

ポイント

ホテルの居心地の良さは、
さまざまな小さなサービスが積み重ねられた
結果です。外部の方にも
協力していただきながら、
小さなサービスの一つひとつに心を込めて
行うこと。それがお客様の再訪につながります。

お客様の質問は、深掘りして調べておく

お客様からあることについて質問を受けて、時間をいただいて調べ物をしたとします。調べているうちに、ほかに気になることが出てきたら、それも調べておきましょう。

最初の質問の答えをお伝えしたら、お客様も同じように、さらにあれこれ知りたくなって、お尋ねになるかもしれません。

お客様に聞かれてからまた調べるのではなく、そこはスマートに、即座にお答えできるようにしたいものです。

もちろん、お客様はそれ以上、お尋ねにならず、調べたことは無駄になるかもしれません。そのときは、「ああ残念。せっかく調べたけど、ここまでは聞いてくれなかったな」と一人で思うだけのこと。

聞かれもしないのに、「それはさらにこうなっていて、これはもっとこうなんです」といった余計な話はしなくてよいことです。

お客様から求められていないことでも、あったら便利だろうなと思われる情報は準備をしてさしあげる。ただし、何でもかんでも提供すれば良いサービスということにはなりません。

多すぎる情報はむしろお客様を迷わせますから、情報提供量にも注意が必要なのです。

第6章

コンシェルジュとしての自分に磨きをかける

――情報収集、良質な人脈づくりの努力を怠らない

コンシェルジュ・マジックは、頼りになる人脈から生まれる

「コンシェルジュ・マジック」という言葉があります。お客様の目の前で一瞬にして花を取り出し、すっと手渡すマジシャンのように、コンシェルジュは入手が難しく、お客様があきらめていたモノやコトをサッと取り出して、何事もなかったかのように笑顔で手渡す――。

これを、「コンシェルジュ・マジック」と呼ぶのだそうです。例えば、予約でいっぱいのレストランの席、満席のショーのチケットなどがよく取り沙汰されます。まるで手品のごとく、目の前で奇跡を見せられたお客様の驚きの表情と、それに続く喜びの笑顔。まさにマジックです。

でも、コンシェルジュが実際にやっていることは、マジックとは程遠い、地道な努力

の積み重ねです。正直なところ、どんなものでも手に入るというわけでもありません。
それでも、時々、お客様に「マジック！」とおっしゃっていただける成果を上げられることもあります。このマジックは努力して築いた「人脈」から生まれるものなのです。

無理をお願いできる人脈をつくる

お客様はさまざまな席やチケットの手配をコンシェルジュに依頼されます。旅先ですから、欲しいのはだいたい当日か翌日の席。レストランはもとより、芝居、スポーツ、コンサートなどは前売りで既に完売していることが多いですし、良い席となると、ほとんど入手不可能です。

コンシェルジュの長い伝統があるヨーロッパでは、入手困難なチケットでもコンシェルジュが何とかしてくれると言われます。長年の間にそういう関係ができあがり、現在でも当然のこととして行われているからです。

でも、日本はチケットシステムが非常に発達していて、しかも、それがとてもフェアにできているため、直前での入手はかなり難しい。それでも、ご依頼があればとにかくトライしてみます。人脈を頼りに「無理は承知のうえで、お尋ねします」と、状況をうかがってみるのです。

無理なお願いをするのはチケットに限りません。花屋さん、菓子屋さん、レストランなどなど。何かにつけて「何とかする方法はないかしら」と、融通を利かせていただいています。本当に、心からただただ感謝です。

不可能を可能にするこうした人脈は、コンシェルジュの財産です。経験あるコンシェルジュほど、独自に築き上げたネットワークを持っています。

では、コンシェルジュはどうやって人脈を築き上げるのかと言えば、それは日頃からの個人の努力です。

コンシェルジュはお客様の望みをかなえようとするたびに、自然と外部の方とのお付き合いが増えるものですが、そのお付き合いを一つひとつ大切にすることで、こうしたネットワークがつくられていきます。とはいっても、ただ多数の人と知り合えばよいわけではなく、大切なのは、信頼できる方と出会うことです。誠実で、情報に嘘がなく、お客様に対して同じ熱意を持った、プロ意識のある方。そうした自分と価値観の合う方を大切にしていくことです。

相手の方から何か聞かれたなら自分のできることを誠実に精いっぱいお伝えし、自分が信頼してもらえる存在になること以外、信頼できるネットワークを築く方法はないと言えます。

こうした確かなネットワークがないと、私たちコンシェルジュの仕事は成り立ちません。コンシェルジュはホテル外のさまざまな方面に問い合わせをして教えていただいたり、お願いしたりすることが多いので、あらゆるジャンルに頼りになる方々がいてくださることは非常に心強く、またお客様に良いサービスを提供するには欠かせません。

もちろん、チーム全体で共有できるお付き合いもありますし、できるだけそうしていきたいと考えています。でも、それはコンシェルジュの社会的な認識が薄い日本では、まだほんの一部です。何しろ、「不可能を可能にする」絆ですから、一朝一夕でできるものではないのです。

ポイント

コンシェルジュには、
いざというときに頼れるような、
信頼できる人脈が必要です。
それは日々、他人に信頼されるように努力して、
自分でコツコツと築き上げていくものなのです。

常に生きた情報にするため、こまめなメンテナンスを

「今日は何をしようかな。何かおすすめはある？」
「今日のディナーはどこがいいだろう？」

こんなふうにお尋ねになるお客様のために、コンシェルジュはホテル内での催しはもちろん、観光地やレストランなど、さまざまな情報を用意します。

こうしたデータは、インターネットで調べられるようなものではあまり意味がありません。私たちにとって本当に利用価値のあるデータは、「このイベントのピークは○時頃」「工事中で見られないのは○○のあたり」「英語のメニューがある」「英語と中国語を話せるスタッフがいる」「このレストランは、子供連れでも受け入れてくれる」など、お

客様の細かな要望に対応できるような情報です。そうした細かい情報は個人の足で調べて入手するしかありません。

お店は日々変わっていますから、敏感な修正も必要です。自分のホテルには不要な情報は捨てて、役立ちそうな新情報を加えて、整理し、オリジナルで使いやすい資料にしていきます。

コンシェルジュは休みの日も勉強

本気でコンシェルジュをやっていくと、仕事とプライベートの区別がなくなっていきます。休日には新しくできたアミューズメント施設を見に出かけたり、話題のレストランに行ったり、美術展や話題のお芝居を見に行ったり。休みの日でもまるで仕事をしているようになっていくのです。

新しいショッピングモールができればなるべく早く行ってみよう、新しい展覧会が始まったら、それもなるべく早く行こう、そんなふうに考えるようになっていきます。

私たちのチームはみんなで相談して、できるだけ各人で違うものを見に行くようにしています。「○日から△△美術館で次の企画展が始まるけど、初日に休みの人、誰か行かない？」「○日にショッピングセンターの内覧会があるけど、誰か行ける？」といった具合です。

そして、見てきたその日のうちに、互いにメールで報告し合うことにしています。

旅行先でも、最近、外国の方の間で話題の旅館に泊まったり、見に行ったり……。コンシェルジュは余暇に使うお金が結構かかります。でも、それは自己投資と考えて楽しめる。そう思える人が本物のコンシェルジュになっていきます。

ポイント

コンシェルジュは休みの日も使ってさまざまな場所を訪ね、情報の収集に励んでいます。お客様に、なるべく新鮮な生の情報を提供したいからです。

お客様の率直な感想は、次に活かす材料にする

ホテルに戻っていらしたお客様がコンシェルジュのカウンターに立ち寄って、「今日はありがとう、楽しかったよ」とわざわざ報告してくださることは、実はそんなに多くありません。ですから、「今日はありがとう」と言いに来てくださる方は、よほど楽しく過ごされ、良い思い出ができたということなのです。

そんなふうに、お客様が笑顔で「楽しかった！」と報告してくださると、コンシェルジュはとても元気づけられ、また大きな励みにもなります。

反対に、ご案内したことが期待に添えなかったとき、お客様はカウンターに寄られて率直な感想をおっしゃることが多いと言えます。

もしも、帰ってこられたお客様があまり楽しめなかった様子であれば、そのわけを、

イベント情報は常に収集して整理

美術館、博物館、劇場、遊園地などは、休日にも注意してご案内しています。

さらに、地元のイベントや、商店街のイベント、都内のお祭り、フリーマーケットなど、「その日のイベント」はわかるようにしておきます。それらの情報を見つけた人は、チームで共有しているパソコン上のカレンダーに書き込んでいくのです。

四季折々のお花や紅葉も聞かれることが多い話題です。主な公園や植物園はどのような状況か。ちょうど見頃なのは、どこか。そうした情報は常に調べておきます。

また、大安の週末や休日は、神社では結婚式が行われていて、白無垢のお嫁さんが見られます。日本ならではの式も外国の方には人気があります。

ぜひともお聞きしたいところです。その理由は私たちの貴重な情報になるからです。何が足りなかったのか、何が間違っていたのかの反省材料になり、次回に活かせます。

お帰りのお客様にもフォローを

先日、外出から戻られたお客様に「楽しかったですか?」とお尋ねすると、「帰りのタクシーが遠回りをして、不安だったうえに料金を高く払った」と言われました。よくお話をうかがってみると遠回りというほどのこともなく、渋滞を避けた道を選んだように思いましたので、そのことを丁寧にお伝えすると、少し納得されたような表情を浮かべられ、ご気分も多少は晴れたようでした。

こうしたフォローも含めて、お客様に楽しんでいただく、安心して過ごしていただくお手伝いのすべてがコンシェルジュの仕事です。送り出すまでではなく、お帰りになられたお客様にも気を配ります。

ポイント

おすすめしたプランから戻られたお客様には、なるべく機会を捉えて、「いかがでしたか?」とうかがいましょう。次回の参考になることを教えていただけるかもしれません。

違和感は大事にして、お客様に確認する勇気を持つ

「違和感を大事にする」というのは、仕事で強く意識していることのひとつです。何かが引っかかって、「あれ？」と思う感覚。「何かが違うな」と感じたら、やはり違っていることが多いのです。これはチームにも頻繁に言います。

例えば、「〇〇へ行くから地図をください」とおっしゃるお客様がいらして、地図をお渡しした。そのとき二言三言、言葉を交わし、お客様は満足気に出かけられた。

でも、「……あれ？　あの方のおっしゃったことと、私の言ったこと、何かが噛み合っていないような気がする。目的地は、本当にそこでよかったの？」と思うことがあります。そうして、歩き出されたその背中を見送っていると、案の定、ドアの外を反対方向へと歩いて行かれたりするのです。

あるいは、「△△レストランを予約してほしい」とカウンターに見えたお客様が、お仲間とお話しになっている内容が、どうもこのレストランとは違っている気がする……。

こういったときに感じる違和感です。

おっしゃっていることや、出されているメモは確かに正しいのだけれど、「あれ？何か違うような……」という感覚。もちろん、こちらの取り越し苦労の場合もありますが、「本当にここでよろしいですか？」と申し上げると、「ああ、それは明日行く場所の住所だった。間違えた」などという、お客様の勘違いの場合も多々あるのです。

違和感に目をつぶるのは危険

どこかでちょっと変だなと思いながら、「でも、お客様は、ご自分で確かにこうおっしゃったのだから、たぶん大丈夫だろう」と自分に言い聞かせて、そのまま流してしまう。これはコンシェルジュとしては、していけないことです。

特にコンシェルジュになりたての頃は、「格好の良いサービス」に憧れます。もちろん、それは大事なことです。目の前に並ぶお客様に対して、いかにスムーズに格好良く仕事を進めていくか、それはいつも考えているべきです。でも、それを優先しすぎると、そこで確認する手間を省いたり、質問することをためらったりしてしまいがちなのです。

お客様からの質問に対して、少なくとも間違いのない答えは出しているので、「たぶん、大丈夫」と、そのままにしてしまう。

でも、本当は違和感に気づいていることは多いのです。

お客様が去って行かれたあと、「今のお客様、本当にあれでいいの？　どこか変じゃない？」と聞くと、「やっぱり、そう思いましたか？」ということはよくあります。「え？どこが変でしたか？」ということは、あまりありません。

何かに気づきながらも、「まぁ、大丈夫だろう」と送り出したお客様が間違えた場所へ行き、大事な商談に間に合わなかったとしたら……。そうしたことまでは、なかなか想像しないようです。

お客様には疑問を感じた理由を説明

お客様に「本当にそこでよろしいですか？」などと念を押すと、ごく稀に「いいから、言われたことだけやってくれ」というようなことを口にする方もいらっしゃいますが、なぜ自分が気になったのか、その理由をきちんとお伝えすれば、「ああなるほどね」とわかっていただけます。

「何度もうかがって申し訳ありません。ただ、同じような名前のビルがたくさんありますので、間違いのないように、正確な名称をうかがってもよろしいですか」
「その店は、近いところに支店がいくつかあるのですが、お客様がご予約なさっているのは、こちらでよろしいですか」

違和感を覚えたら、このようにうかがって確認することです。

目の前のお客様が「本当は何をしたいのか」。それはできる限り明確にしなければ正解にたどり着けません。そのためには質問をしたり、念を押したりすることも必要なのです。

お客様の話を真剣に聞いていればこそ、違和感を覚えることがあるはずです。

ポイント

違和感に目をつぶって
お客様を送り出すことは避けましょう。
お客様が勘違いしていた場合には、
目的を果たせないことも考えられます。
違和感を覚えたら、必ず確認することです。

お客様のクレームは、ホテルへの期待の証と受け止める

お客様の中には、ときとして耳が痛いことを言ってこられる方もいます。まずは言い訳や反論などはせずに、お客様の話をすべて聞くことです。

ホテルに対してお怒りになっているような場合、その理由があるのなら、お客様の怒りには共感し、「嫌な思いをさせて申し訳ありません」「貴重なお時間を無駄にして申し訳ありません」という気持ちを伝えます。お客様は言いたいことを吐き出すと、気持ちも落ち着いてきます。クレームをいただいた場合でも、私たちは感謝する立場です。

接客の仕事をするなら、お客様に対してとことん感謝と歓迎の気持ちを持てるまで自分を律することです。それができると、自分自身、喜びを得やすくなると思います。

たとえお客様からクレームをいただいても、「注意していただき、ありがとうござい

ます。期待してくださってありがとうございます。気づいてくださって、ありがとうございます」なのです。

お客様からのクレームは、ないに越したことはありません。けれど、お客様が我慢をせず、不機嫌な表情も見せてくださることは、ホテルにとっては良いことなのだと受け止めましょう。「このホテルにまた来よう」と考える。だから、「もっと良くしてほしい。自分の好みをわかってほしい」、そう思ってくださるのです。

「何の期待もできない」と思えば、人は面倒な思いをしてまで意見を伝えようとは思わないもの。お客様が何でも言ってくださるということは、それだけホテルを信頼してくださっている証なのです。

ポイント

クレームをいただいたら感情的に受け止めず、これはホテルに対する期待なのだと、その内容を前向きに冷静に受け止めましょう。わざわざ言ってくださったお客様には感謝を伝えます。

お客様の前では常に明るい笑顔で。プロは感情に流されない

接客の仕事では、お客様が感じた印象が結果のすべてです。こちらにそうした意図はなくても、お客様がどう受け止めたかで、サービスの良し悪しが決まってしまいます。

お客様にもいろいろな方がいらっしゃいますから、正直なところ、理不尽だと思うような出来事に遭遇することもあります。辛い場面もあるかもしれません。

けれど、自分に間違いがなくても、先方が不愉快に感じたのなら、こちらに何らかの落ち度があったと認めるしかありません。何かが起きたときにしなければならないのは、事実関係の確認と、何がどうなったのか、仲間と情報を共有すること。

そして、たとえお客様のほうがおかしいと思っても、「本当に、自分にできることはなかったのか？」と深く考えることです。どのような出来事でも、そこから学ぶことは

必ずあるものです。

自分たちの間違いや失敗に気づいて、がっかりすることもあるかもしれません。でも、勤務時間中は感情を引きずってはいけません。硬い表情をした心ここにあらずのコンシェルジュが、お客様に心地良いサービスなど提供できっこないからです。

嫌なことがあっても引きずらない。これは意志の力、努力です。

反省して考え込んでしまうときも、ロビーに出ている間はマイナスの発想はしないように努力します。引っかかっている出来事がどうしても胸に浮かんでしまうときは、「いや、今は考える時間じゃない」と自分に言い聞かせます。仕事中に考えていると、さらなる失敗を起こしかねないからです。

ロビーにいる間は機嫌良く

いかに自分が機嫌良くロビーにいられるか。

これはコンシェルジュの仕事のうちです。

お客様から理不尽と思えるご意見をいただいたとしても、「へぇ、そんな考え方もあるんですね。人間っていろいろで、面白いわね」と受け止める。

それがユニークなことなら、「かわいい勘違いをするのね」と考える。

「かわいいね」「面白いね」「素敵だね」、こういうプラスの言葉に変換してみると、悲しみや怒りの気持ちは不思議と治まっていくものです。

「私たちのせいじゃない」と思うと、マイナス思考ばかりで終わってしまいますから、「今度からこうしようね」と、自分たちでアクションできる何かを得て、その一件を落ち着かせるように。

それで笑って話せる出来事になるだけでなく、大事な勉強にもなるのです。

ポイント

ロビーにいる間は
プロのコンシェルジュらしく、
いい笑顔でいましょう。
「常に機嫌良くいる」こと。
それは意志の力、仕事の一部です。

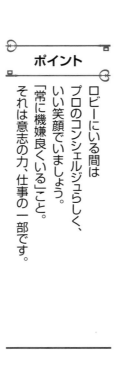

理想的なキャラクターを設定して、そのホテルマンを演じる

ロビーにいらっしゃるお客様は、私に会いにいらしたのではなく、グランド ハイアット 東京のコンシェルジュにご用があっていらしているのです。ですから、ロビーにいる間は「私個人」ではなく、「グランド ハイアット 東京のコンシェルジュ」になっていなければならない。そうすると、制服を着て、姿勢はこうで、表情はこう……と、「こうあるべき」姿が見えてきます。

どのホテルにも、ほかのホテルのコンシェルジュとは違って、〝このホテルのコンシェルジュにふさわしい姿〟というものが当然あるはずだと思います。

わかりやすく言えば、「役をつくって、それを演じる」ということです。これはコンシェルジュだけでなく、すべてのホテルマンに言えることです。

理想とする役柄を設定したほうがいい

ホテルマンが演じるその「役」には、「このホテルなら、こうである」といった、ある程度決められた型があります。そこに性別や年恰好、そして、「自分はこういうホテルマンでありたい」という、自分の理想とする姿を加えていきます。

ある程度は理想ですが、自分にもできる「役」をつくるのです。若い女性がヨーロッパのお爺さんのコンシェルジュになろうと言っても、それは無理。自分のキャラクターも考えて、〝ちょっと頑張ればできる〟くらいの理想像を設定するのです。

例えば、どこかのホテルで見かけたベルマンがカッコ良かった。映画に出てきたコンシェルジュが素敵だった。あんなふうになりたいと思った。そういうことでいいのです。

役づくりなどしなくても、自分はいつでもプロのホテルマンとして完璧な仕事ができるというのなら、それでもよいと思います。

けれど、どうしても、仕事中に「自分」が戻ってきてしまうときがあるものです。体調が悪かったり、嫌なことがあったり、お客様に何か言われたりなど……。そんなとき不満に思うのは、「自分」なのです。

けれど、理想のホテルマンは〝プロ〟ですから、そんなことは思いません。

遊園地のキャラクターは着ぐるみがあって、それを着た途端に、設定されたキャラクターの動きになれます。

それぞれのキャラクターが頭にインプットされているから、その中に入ったらすぐに、役柄になりきることができる。どんなふうに手を振るのか、体を動かすのか、明確な設定ができているから、いちいち考えなくてもできるわけです。

それと同じで、ホテルマンも理想とする像を心の中に持っておいたほうがいい。そのほうが楽に、いつでもモチベーション高く、理想とするホテルマンを演じることができます。

ホテルマンとして「演じる」ということ

これまでにも何度か「演じる」という言葉を使いましたが、これは「心にもないことを演技する」という意味ではありません。心にちゃんと思っていることは、きちんと伝わるように表現しなければならない、ということです。

本当は喜んでないのにうれしそうな顔をするということではなく、「良かったですね」と思ったのなら、「良かったですね」という表情と言葉で表現する。本当は共感しているけれど、それが相手にわからない、伝わらないのでは仕事をしたことになりません。

接客業なのですから、お客様にわかるように伝えなければなりません。

しかも、それは個人として伝えるのではなく、そのホテルのホテルマンとしての顔で表現しないといけない、ということです。

演じることに関して一番言われるのは笑顔だと思います。これも「笑顔にしましょう」と言って、口角を上げて「ニッ」という顔をすればいいのではないのです。心から本気で笑顔になることです。しかも、その本気が相手に伝わらなければ意味がない。

役になりきっていれば、きっと笑顔になれます。心からうれしくなるはずです。こうした本気の笑顔になれるかどうかは、職場の環境によるところも大きいでしょう。みんなが本気の笑顔で働ける環境をつくることは、マネージャー層の職務だと思っています。

ポイント

プロのホテルマンとして、
常にモチベーション高く、
質の高い仕事をするには、
「こんなホテルマンになりたい」という理想像を、
心の中に持っていることをおすすめします。
迷ったときには、その理想像に戻るのです。

あとがき

「今、日本にはコンシェルジュという職種はありません。将来、コンシェルジュを目指すなら、別の業種に行って、経験を積んではいかがですか。十年経ったら日本のホテル業界も変わるかもしれません。コンシェルジュもできるかもしれません。そのときに戻ってきたらいいと思いますよ」

学生のとき、いつかコンシェルジュになることを目指し、ホテルへの就職を考えました。日本にはまだコンシェルジュという職はなく、それどころか四年制大学を卒業した女性がホテルに就職すること自体が珍しい時代でした。募集もないのにOBを訪ね、内定をいただきました。それなのに、私が〝将来、いつかコンシェルジュになりたい〟と言うと、返ってきたのはこの言葉でした。

今でこそ、その真意がよくわかります。コンシェルジュになるのであれば、狭い世界で経験を積むより、違う世界を見て、広い視野を身に着けてきなさい、と言ってくださったのです。このときの人事の方の時代を先読みする感覚の鋭さと、親身なアドバイスには心から感謝しています。

けれど、当時の私は、「ホテルにあなたの居場所はないよ」と言われたように感じてすっぱり心を切り替え、結局は内定を辞退し、まったく別の業種に就職しました。


それから本当にちょうど十年、電車でたまたま目に入った中吊り広告から縁がつながり、横浜にオープンしたヨコハマ グランド インター・コンチネンタル ホテルにコンシェルジュとして採用されました。

新しいホテルで、新しい仲間たちと働く毎日はすべてが新鮮で、月日がまたたく間に過ぎていきました。

とにかく楽しいばかりで一年も過ぎる頃、その「楽しさ」の本当の意味を理解する出来事がありました。

アメリカからいらした一家が一週間ほど滞在し、観光、昼食、夕食まで、毎日のプランをつくるお手伝いをしたのです。

ご夫婦に、9歳くらいの男の子と、6歳くらいの女の子の四人家族でした。

ご一家はロビーを通るたびに声をかけてくれます。

「今日はね、鎌倉に行ったよ！　セミがたくさんいた」

「お昼のハンバーグが美味しかった！」

「楽しかったわ。子供たちも大喜びで」

「それは良かったです！」

「明日は、僕たちどこに行くの？」

「そうね、どこにしましょうか？」

「またとっておきのプランを考えてくれるかい？」


私もうれしくなって、ご家族みんなが楽しめるのはどこだろう？　どうすれば一家を喜ばせることができるだろうか。今日は少し遠出をして疲れているだろうから、明日は近場がいいのでは……。今日は中華を召し上がったから、明日の夕食はアメリカンダイナーを予約しようか……。

お子さんたちの好き嫌い、ご家族のご興味、予算など、親しくなって情報が増えるほど、きめ細やかに考えられることが増えます。

「行ってきます！」とお出かけになるご家族を、「いってらっしゃい！　気をつけて」と見送り、「ただいま」と帰ってこられれば、「今日は、いかがでした？」と声をかける。毎日のプランを練りながら、わくわくしている自分がいました。

私の気持ちはそのままご家族にも伝わり、みなさんいつも笑顔で、私を何倍にもほめて感謝してくださる。そうすると私もますますやる気が湧いてきて、もっともっと喜んでいただくには……と考える。

一週間の滞在はあっという間に過ぎ、ご一家は「ありがとう！　おかげで楽しかったよ。“You are the concierge.”あなたは本物のコンシェルジュだね！」とニコニコと帰国されました。

この家族との一週間を通じて、〝コンシェルジュは、自分自身が心から楽しむことが必要なのだ〟と気づきました。

お客様を「どう楽しませようか」ではなく、そのプランを考えること自体が、「自分も心から楽しい」。自分の事として、お客様と同じ気持ちで考えられているかどうか。「自分がいかに努力するか」は当たり前で、「自分が楽しめているかどうか」にも大きな意味があるのです。

あれから経験を積み、接客については少しずつ技術も知識も増えました。けれど、いつも、あのときに学んだ「コンシェルジュを楽しむ」ということがその基本にあります。

前著とはまったく趣の違う「コンシェルジュ」をテーマとしたこのような本を世に送り出すことができましたことに、時代の変化を感じています。

〝コンシェルジュ〟を通じて出会ったすべての方に、特に本書の製作に惜しまず協力してくれたグランド ハイアット 東京のチームと、最後まで忍耐強くお付き合いくださった秀和システム編集部の山浦秀紀さん、そして、お読みくださった皆様に心から感謝を申し上げます。

ありがとうございました。

二〇一五年七月

阿部 佳

阿部佳（あべ けい）

1959年東京生まれ。1992年ヨコハマ グランド インター・コンチネンタルホテルにコンシェルジュとして入社。その後、コンシェルジュの世界組織『レ・クレドール（Les Clefs d'Or』国際会員となる。1998年に『レ・クレドール ジャパン』プレジデント（会長）に就任。国内外のコンシェルジュのネットワークの拡充、後進の育成、国内でのコンシェルジュに対する認識を高めるための活動に従事。2000年には日本ホスピタリティ推進協会より、ホスピタリティの精神に基づき、職責を超えて分け隔てなく他人のために尽くした人に与えられる『The Best Hospitality Prize of the Year 2000』を受賞。2002年にグランド ハイアット 東京チーフコンシェルジュに就任。現在はコンシェルジュとして多岐にわたる国内外のゲストリレーション業務、および後進育成に従事。2015年4月より、明海大学ホスピタリティ・ツーリズム学部教授も務めている。著書に『わたしはコンシェルジュ』（講談社）がある。「プロフェッショナル 仕事の流儀」（NHK）など、メディア出演多数。

ホスピタリティのプロを目指《めざ》すあなたへ
お客様《きゃくさま》の"気《き》持《も》ち"を読《よ》みとく仕事《しごと》
コンシェルジュ

発行日　2015年　8月　1日　第1版第1刷

著　者　阿部《あべ》　佳《けい》

発行者　斉藤　和邦
発行所　株式会社　秀和システム
〒104-0045
東京都中央区築地2丁目1−17　陽光築地ビル4階
Tel 03-6264-3105（販売）　Fax 03-6264-3094
印刷所　株式会社シナノ

ISBN978-4-7980-4433-0 C0034

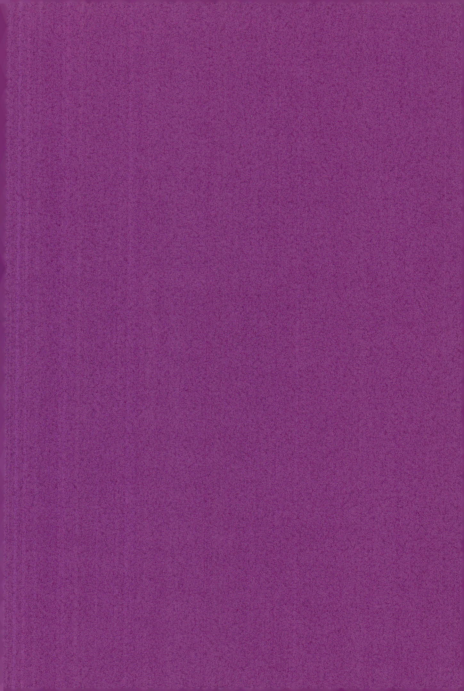